도깨비감투로 레이더를 속여라

저학년
STEAM
스쿨⑤
첨단 과학

도깨비감투로 레이더를 속여라

초판 1쇄 발행 2013년 3월 28일 | **초판 5쇄 발행** 2021년 5월 20일
글 그림 백명식
펴낸이 김명희 | **책임편집** 이정은 | **디자인** 신영미
펴낸곳 다봄 | **등록** 2011년 6월 15일 제 395-2011-000104호
주소 서울시 마포구 토정로 222 한국출판콘텐츠센터 305호
전화 02-446-0120 | **팩스** 0303-0948-0120
전자우편 | dabombook@hanmail.net
인스타그램 | instagram.com/dabom_books

ISBN 979-11-85018-02-7 64710

이 도서의 국립중앙도서관 출판시도서목록(CIP)은 서지정보유통지원시스템 홈페이지(http://seoji.nl.go.kr)와
국가자료공동목록시스템(http://www.nl.go.kr/kolisnet)에서 이용하실 수 있습니다.(CIP제어번호: CIP2013001626)

*책값은 뒤표지에 표시되어 있습니다
*파본이나 잘못된 책은 구입하신 곳에서 바꿔드립니다.

품명 아동 도서   **사용연령** 8세 이상
제조국 대한민국   **제조년월** 2021년 5월 20일
제조자명 다봄   **연락처** 02-446-0120
주소 서울시 마포구 토정로 222 한국출판콘텐츠센터 305호
주의사항 종이에 베이거나 긁히지 않도록 조심하세요.
         책 모서리가 날카로우니 던지거나 떨어뜨리지 마세요.
KC마크는 이 제품이 공통안전기준에 적합하였음을 의미합니다.

저학년
STEAM
스쿨 5
첨단 과학

도깨비감투로 레이더를 속여라

글 그림 **백명식**

다봄

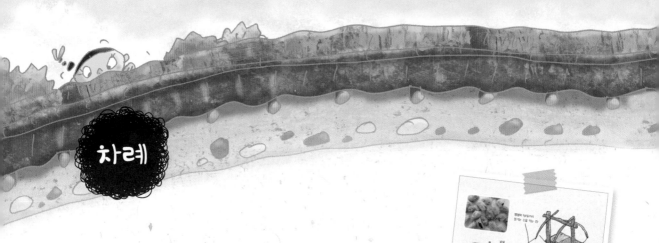

차례

〈도깨비감투로 레이더를 속여라〉 100배 즐기는 법~!

❶ 전래 동화

재미난 전래 동화를 읽어요.
그림만 봐도 웃음이 킥킥,
재미가 솔솔~!

❷ 톡톡 과학 양념

전래 동화를 읽다가
궁금한 과학 상식을 배워요.
짧지만 아주 알찬
내용들로 가득해요.

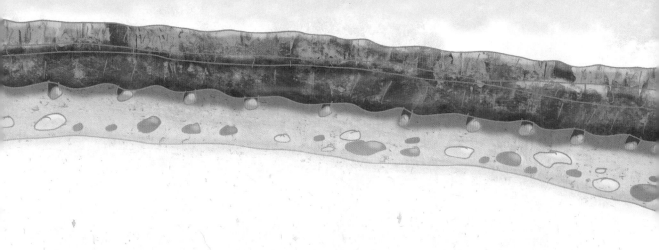

이야기 속 숨은 과학

단순한 모자가 아니야!

생각만으로 기계를 움직여

키보드와 마우스는 이제 안녕~!

❸ 이야기 속 숨은 과학

전래 동화를 읽다 나온
과학 내용이 궁금했나요?
이야기 속에 나왔던
과학 지식에 대해서
꼼꼼하게 짚어 줍니다.

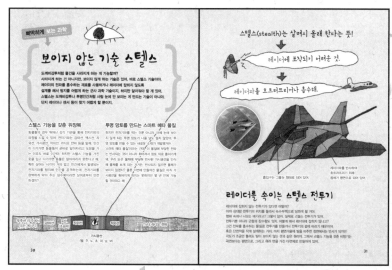

삐딱하게 보는 과학

보이지 않는 기술 스텔스

스텔스(stealth)는 살며시 몰래 한다는 뜻!

스텔스 기능을 갖춘 위장복

투명 망토를 만드는 스마트 메타 물질

레이더를 속이는 스텔스 전투기

❹ 삐딱하게 보는 과학

전래 동화 속에 나온
과학 내용을 살짝 삐딱하게
비틀어 볼까요?
한걸음 더 나아가서
새로운 과학 내용을 배워요.

까만 부채 하얀 부채

옛 날 옛날에 할아버지, 할머니가 살고 있었어.
가난했지만 서로 의지하며 다정하게 살았지.

할아버지는 산에 가서 나무를 해다 시장에 팔아 생활을 했어.

하루는 나무를 하러 산에 올라가는데

풀숲에 까만 부채와 하얀 부채가 있는 것이 아니겠어.

'이런 숲 속에 웬 부채람.'

할아버지는 부채를 주워 허리춤에 차고 나무를 했어.

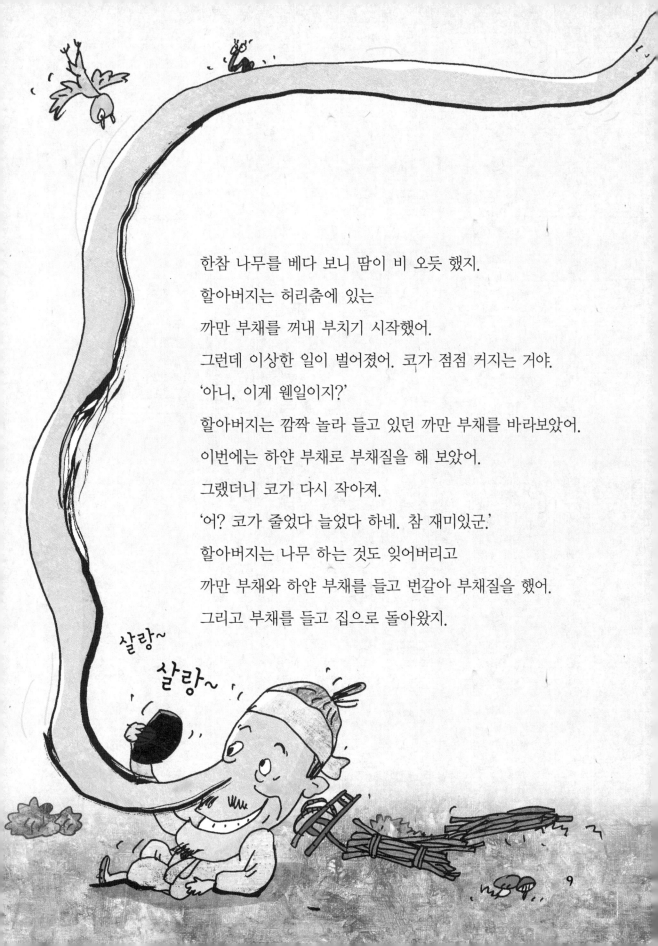

한참 나무를 베다 보니 땀이 비 오듯 했지.

할아버지는 허리춤에 있는

까만 부채를 꺼내 부치기 시작했어.

그런데 이상한 일이 벌어졌어. 코가 점점 커지는 거야.

'아니, 이게 웬일이지?'

할아버지는 깜짝 놀라 들고 있던 까만 부채를 바라보았어.

이번에는 하얀 부채로 부채질을 해 보았어.

그랬더니 코가 다시 작아져.

'어? 코가 줄었다 늘었다 하네. 참 재미있군.'

할아버지는 나무 하는 것도 잊어버리고

까만 부채와 하얀 부채를 들고 번갈아 부채질을 했어.

그리고 부채를 들고 집으로 돌아왔지.

살랑~

살랑~

9

집에 오니 할머니가 절구에 곡식을 찧고 있었어.

"할멈, 내 코 좀 봐."

할아버지는 할머니 앞에서 까만 부채를 들고 부채질을 하기 시작했어.

그러자 할아버지 코가 쑥쑥 커지기 시작했지.

할머니는 깜짝 놀라 소리쳤어.

영감~!

"에구머니나,
코가 절구공이만 해졌어요."
이번에는 하얀 부채로
부채질을 했어.
코가 전처럼 줄어들었지.

이튿날, 할아버지는 까만 부채와 하얀 부채를 들고 집을 나서며 말했어.

"할멈, 이 부채로 많은 돈을 벌어 올 테니 기다리시오."

할아버지는 할머니의 배웅을 받으며 길을 나섰어.

어느 마을에 도착을 했는데

마침 마을에서 제일 부자인 한 영감이 생일잔치를 하고 있었어.

할아버지는 슬그머니 부자 영감 곁으로 가

까만 부채로 부채질을 하기 시작했어.

아무도 모르게 살짝 말이야.

엥?

부자 영감의 코가 다듬이 방망이만큼 커졌겠지?

그 모습을 보고 사람들이 난리가 났어.

"아이고, 이게 무슨 일이야. 영감님 코가 커졌어."

"아니? 아버님 코가 갑자기 왜 이렇게 커졌지?"

동네 사람들과 영감 아들이 놀라 소리치며 어찌할 바를 몰랐어.

이때 슬쩍 할아버지가 영감 아들에게 다가가 말했어.

"내가 전에 갑자기 코가 커진 사람의 병을 고쳐 본 적이 있소."

"그게 정말이십니까? 달라는 대로 다 줄 테니까

제발 저희 아버님 코를 예전처럼 되돌려 주세요."

"좋소, 그럼 만 냥만 주시오."

컥!

으악~!

?!

할아버지는 그날부터 부자 영감의 집에 머물며
영감의 코를 고쳐 주기로 했어.
할아버지는 영감이 자고 있을 때만 방으로 들어가
하얀 부채로 부채질을 해서 코를 조금씩 줄여 주었어.
며칠이 지나자 영감의 코가 원래대로 돌아왔지.
약속대로 만 냥을 받은 할아버지는 할머니가 기다리는 집으로 돌아왔어.
가난했던 할아버지와 할머니는 부자가 되어 잘 먹고 잘 살았어.
그러다가 하루는 너무 심심한 나머지 할아버지가
마당에 펴 놓은 자리에 누워 까만 부채로 부채질을 하기 시작했어.
'도대체 코가 어디까지 커지는지 한번 알아봐야겠다.'

할아버지의 코는 마당에 있는
오동나무보다 더 커지더니 구름 위로 뚫고 들어갔어.
할아버지는 점점 신이 나 부채질을 더 세게 했지.
코는 쑥쑥 커져 하늘 나라에 닿았어.
마침 산책을 하고 있던 하느님이 이 코를 본 거야.
"어? 이게 뭐지? 참으로 이상하게 생겼군."
하느님은 할아버지 코를 잡아
나무에 꽁꽁 동여맸어.
할아버지는 그것도 모르고
이번엔 하얀 부채로
부채질을 하기 시작했지.

오잉?

14

그러자 할아버지가 부채질을 할 때마다

몸이 두둥실 떠 하늘로 올라가기 시작했어.

'이번에는 하늘 나라 구경을 하게 되는구나.'

할아버지는 부채질을 하면서 밑을 내려다보며 경치를 감상했지.

어느덧 너무 높이 올라가 밑에는 구름밖에 보이지 않았어.

그런데 이게 웬일?

글쎄, 하느님이 아무것도 모르고 나무에 묶었던 코를 풀어 버린 거야.

불쌍한 할아버지는 밑으로 떨어지기 시작했어.

어찌나 많이 올라갔던지 아직도 떨어지고 있다고 하네.

으아아악~!

차가운 에어컨 바람의 비밀

부채질하는 것보다 훨씬 더 시원한 것은 에어컨에서 나오는 바람이야.
에어컨 바람은 부채나 선풍기 바람과는 다르게 아주 차가워. 대체 그 이유는 뭘까?
한여름 더운 날, 물에 흠뻑 적신 수건으로 얼굴을 문지르면 시원한 느낌이 들 거야.
그런데 이 시원한 느낌은 수건의 물이 차갑기 때문이 아니야. 물이 증발할 때
주위의 열을 빼앗아 피부의 온도를 내려 주기 때문이지. 에어컨의 원리도 똑같아.

찬바람이
슝슝~~

실내기

모세관

실외기

팬

에어컨에서 어떻게
차가운 바람이 나오냐고?

실외기에 있는 압축기에서 기체 상태의
냉각제를 압축해서 고온 고압의 상태로
만든 다음 응축기로 보내. 그러면 응축기에서
식으면서 액체가 되지. 이때 액체가 되면서
열을 내보내기 때문에 실외기의 팬에서는
뜨거운 바람이 나와. 그리고 응축기에서 나온
액체는 모세관을 통과해 실내기로 가고,
실내기 안의 증발기에서 주위의 열을
빼앗으며 기체로 증발하는 거야.
그러면 주위의 공기는 차가워지는 거지.

응축기

압축기

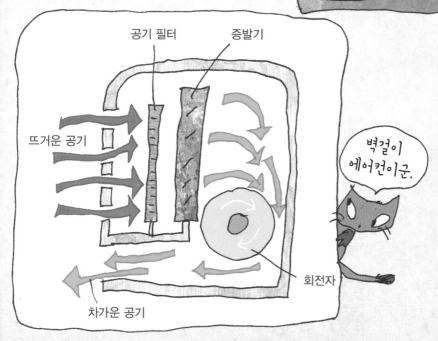

공기 필터

증발기

뜨거운 공기

벽걸이
에어컨이군.

차가운 공기

회전자

냉각제란 에어컨이나 냉장고의
차가운 온도를 만드는 데에 필요한
물질을 말해. 냉매라고도 불러.
우리가 잘 알고 있는 냉매는 바로
프레온 가스야. 냉장고가 처음
만들어졌을 때 사용되던 냉매인
이산화황, 암모니아 등과는
달리 독성이 없고 안정적인 냉매지.
그런데 이 프레온 가스가
지구를 둘러싼 대기의 오존층을
파괴한다는 것이 알려졌어.
그래서 1987년 사용이 금지되었고,
지금은 다른 냉매가 개발되어
사용되고 있어.

17

태양은 모든 에너지의 근원

최고의 대체 에너지 태양

그동안 인간이 사용해 온 석탄과 석유 같은 화석 연료 때문에 환경이 파괴되는
문제가 생겼어. 그래서 이것들을 대신할 대체 에너지를 찾아내는 것이 매우 중요해.
그런데 햇빛만 잘 활용해도 지구에서 사는 모든 사람이 쓸 수 있는 에너지를
얻을 수 있다고 해. 태양은 상상을 하기도 힘들 정도로 많은 양의 에너지를
내보내고 있거든. 태양 에너지는 공해 물질이 거의 나오지 않는 청정에너지야.
이렇게 대단한 태양 에너지를 이용해 전기를 만들 수 있는데,
바로 태양광 발전과 태양열 발전이야. 태양의 빛과 열을 이용한 것이지.

태양광 발전

어떤 물질이 빛을 흡수하면 물질에서 전자가 생겨 전기가 발생하는데, 이 방법을 이용해서 전기를 만드는 게 태양광 발전이야. 즉, 태양빛에서 직접 전기를 만드는 거야.

태양열 발전

태양열로 물을 끓여 증기를 만들어. 그리고 이 증기로 터빈을 돌려 전기를 만드는 게 태양열 발전이야. 즉, 태양열을 기계 에너지로 바꿔서 다시 전기 에너지로 바꾸는 거야.

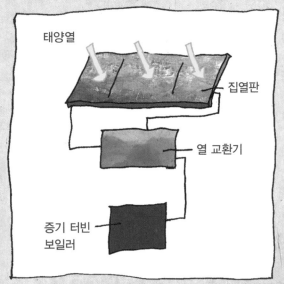

또 다른 대체 에너지

풍력 에너지

바람의 힘을 이용해 얻는 에너지를 말해. 바람을 이용해 전기 에너지를 얻으려면 초속 5미터 이상의 바람이 지속적으로 불어야 해. 풍력 에너지는 환경 오염이 거의 없어서 세계 각국에서 활발하게 연구 개발을 하고 있어.

지열 에너지

땅속에 있는 열을 이용해서 에너지를 얻을 수도 있어. 바로 지열 에너지인데, 지구 내부에 있는 마그마의 열을 이용한 거야. 주로 난방에 이용되고 있어. 지하 10킬로미터 정도에 있는 지열 에너지는 석유나 천연가스의 매장량보다 5만 배나 많다고 해.

히트 펌프 / 열 교환기

바이오 에너지

바이오 에너지란 나무나 풀, 가축의 분뇨, 음식물 쓰레기 등을 이용해 에너지를 얻는 것을 말해. 바이오매스 에너지라고도 해. 사탕수수에서 알코올을 뽑아내고 음식물 쓰레기나 가축의 분뇨에서 메탄이나 수소 가스 등을 얻어.

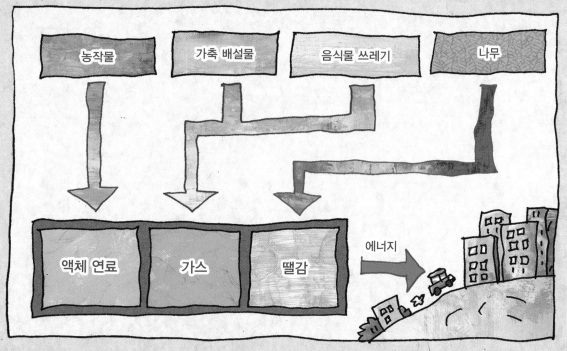

농작물 / 가축 배설물 / 음식물 쓰레기 / 나무

액체 연료 / 가스 / 땔감

에너지

도깨비감투

옛날 어느 마을에 돈 많은 부자가 살았어.

이 부자는 조상의 제사를 지낼 때 상다리가 휘어지도록

차리지 않으면 직성이 풀리지 않았어.

그래서 마을 사람들은 이 부자가 제사를 지낼 때면 아예

한두 끼씩 굶고 있다가 제사를 도와주고 제사가 끝나면 배불리 먹곤 했지.

그런데 마을 사람들만 이런 사실을 알고 있는 게 아니었어.

그럼 누가 또 알고 있었냐고?

바로 산 너머에 사는 도깨비들이야.

산 너머에 사는 도깨비들도 이 소문을 듣고 제삿날이 오기만을 기다렸지.

도깨비들이 나타나면 사람들이 알아차리고

몽둥이로 때려잡을 것이 분명한데

대체 도깨비들은 어떻게 제사 음식을 먹으러 가겠다고 하는 걸까?

하지만 걱정은 붙들어 매도 좋아.

도깨비들에게는 머리에 쓰면 몸이 사라지는 도깨비감투가 있었으니까.

드디어 제삿날이 돌아왔어. 도깨비들은 모두 도깨비감투를 쓰고

부자네 집에 가서 제사상에 있는 음식들을 모조리 다 먹어 치웠지.

휘유~, 맛있는 냄새~

빨리 먹으러 가자~!

깨비 마을

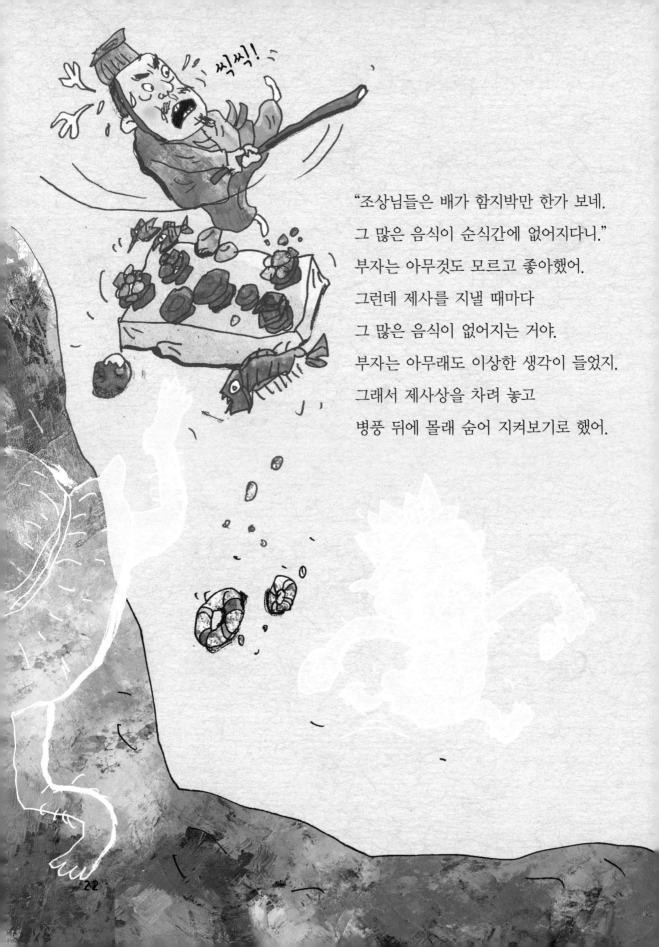

씩씩!

"조상님들은 배가 함지박만 한가 보네.
그 많은 음식이 순식간에 없어지다니."
부자는 아무것도 모르고 좋아했어.
그런데 제사를 지낼 때마다
그 많은 음식이 없어지는 거야.
부자는 아무래도 이상한 생각이 들었지.
그래서 제사상을 차려 놓고
병풍 뒤에 몰래 숨어 지켜보기로 했어.

병풍 뒤에 숨어 보던 부자는 눈이 사발만 하게 커졌어.
아무것도 보이지 않는데 숟가락, 젓가락이 춤을 추듯
움직이며 음식이 없어지지 뭐야.
'달그락달그락, 쩝쩝, 냠냠.'
요란한 소리와 함께 음식이 점점 사라졌어.

부자는 들고 있던 몽둥이를 휘두르며 뛰쳐나가 소리쳤어.
"야, 이놈들!"
아무도 없는 줄 알고 느긋하게 음식을 먹던 도깨비들은
갑자기 나타난 불청객에 놀라 기겁을 하며
도망치기 시작했어.

그런데 도깨비 하나가 그만
부자가 마구 휘두르는 몽둥이에
머리를 맞고 말았어.
"아이구, 머리야."
그리고 머리에 썼던 도깨비감투가 툭 떨어졌지.
도깨비들이 도망가자 부자는
떨어진 감투를 주워 머리에 써 보았어.
그리고 커다란 소리로 아내를 불렀어.
아내가 방으로 들어왔는데, 목소리만 들리고
남편의 모습이 보이지를 않는 거야.

24

"영감, 어디 있수? 내 눈에는 안 보여요."
도깨비감투를 벗자 부자의 모습이 나타났지.
"도깨비들이 떨어뜨리고 간 감투인데,
그동안 이걸 쓰고 우리 제사상을 훔쳐 먹었나 보오."
"정말 이걸 쓰면 모습이 안 보이나 봐요."
이번에는 아내가 도깨비감투를 써 보았어.
아내의 모습도 역시 보이지 않았어.
부자는 못된 생각이 들었어.
'이걸 쓰고 값비싼 물건들을 훔쳐야겠다.'
그날부터 부자는 도깨비감투를 쓰고
남의 물건을 훔치기 시작했어.

그리고 시간이 흘러 가을이 되었어.

부자는 다른 날처럼 양손에 하나 가득

물건을 훔쳐 가지고 오고 있었지.

그날따라 마을에서는 보리타작이 한창이었어.

이 집 저 집에서 도리깨질을 하고 있었지.

부자는 도리깨질 하는 사이를

요리조리 피하면서 여유를 부렸어.

톡 톡 과학 양념

도리깨가 뭐지?

도리깨는 보리나 콩, 깨 등과 같은 곡식의 이삭이나 껍질을 두드려 알맹이를 떨어내는 농기구야. 자루라고 부르는 긴 손잡이에 여러 갈래의 막대기를 달아 휘둘러 곡식을 떨어내.

그런데 운 나쁘게도 도리깨 하나가 부자의 머리를 '딱' 하고 내리쳤어.

그러자 부자가 쓰고 있던 도깨비감투가 그만 밑으로 굴러떨어져 버렸지.

양손에 가득 남의 물건을 훔쳐 가지고 가던

부자의 모습이 드러나자 사람들이 달려들었어.

"아니, 이런 나쁜 놈이 있나. 남의 물건을 훔쳐 가다니."

사람들은 도리깨로 부자를 내리쳤어.

부자는 실컷 얻어맞고 겨우 도망을 쳤어.

그 바람에 도깨비감투는 다 뜯어져 걸레처럼 되어 버렸대.

으아악~!
잘못했네~~!

단순한 모자가 아니야!

누구나 하나쯤 모자를 가지고 있을 거야. 인간이 모자를 쓰기 시작한 것은
원시 시대부터야. 추위를 막거나 머리를 보호하기 위해 썼다고 해. 시간이 지나면서
모자에 장식을 달거나 모양을 다르게 하여 지위를 나타내기도 했어.
그런데 이런 모자를 이용해 마우스로 쓸 수 있는 시대가 왔어. 생각만으로 컴퓨터
화면의 커서를 움직일 수 있게 해 주는 '모자 마우스'가 등장한 거야.
이 모자 마우스는 64개의 전극 봉이 달린 모자로 사람의 뇌파를 읽어서
컴퓨터를 조작한다고 해. 뇌파는 뇌 신경의 정기적인 변화를 말하거든.
손가락을 움직이지 않고 생각만으로 사용하는 마우스라니, 정말 편리하겠지?

머리에 쓰는 마우스뿐 아니라, 머리에 쓰는 스크린도 만들어졌어.
머리에 모자처럼 쓰고 사용하면 초대형 화면으로 보는 것처럼 바로 눈앞에서 영상이 펼쳐지는 거야.
마치 영화관에서 보는 것처럼 말이야. 이제 내 방에 앉아서도 영화관에 온 것 같은
큰 화면을 즐길 수 있는 거야. 하지만 문제가 있어. 머리에 쓰는 것으로 끝나는 게 아니라
셋톱 박스라는 것을 연결해서 써야 하기 때문에 가지고 다니기에는 불편해.

바깥쪽

머리를 고정시키는 띠

셋톱 박스

안쪽

이마 지지대

셋톱 박스 연결선

화면을 보는 안경

마치 영화관에서 보는 것 같아.

운전 참 쉽군.

생각만으로
기계를 움직여

생각, 즉 뇌파만으로 컴퓨터 커서를 움직이는 '모자 마우스'가 가능하다면
다른 것도 가능할 거야. 앞으로는 생각만으로 로봇 팔을 움직여 수술을 하고,
전신마비 장애인이 휠체어를 조종하는 일이 가능할 거라고 해. 뇌파로 움직이는 기계는
몸을 자유롭게 쓸 수 없는 장애인들이 사용하기에 편리하겠지? 얼마 전에는 뇌파로 움직이는
의수도 개발되었어. 이 의수를 몸에 착용한 장애인은 생각만으로 팔이나 손가락을 움직일 수 있다고 해.
마치 진짜 팔처럼 느끼고 사용할 수 있는 거야. 이것 말고도 뇌파로 움직이는 장난감이라든지,
비행체, 게임 등도 개발되어 있어. 앞으로는 생각만으로도 기계를 움직일 수 있는 세상이 올지도 몰라.

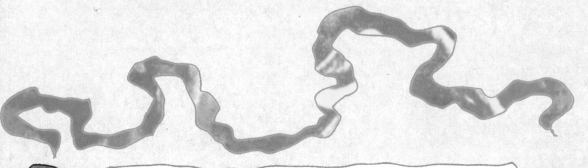

키보드와 마우스는 이제 안녕~!

뇌파로 트위터 메시지도 전달할 수 있어. 트위터는 짧은 글로 자신의 생각이
나 의견을 올리고 그것을 다른 사람들과 함께하는 사이트야. 뇌전도 기계에
서 나오는 신호를 스크린 키보드와 결합해서 글자를 선택하고 뇌파를 조절
하면 스크린 상의 키보드의 위치가 바뀌게 돼. 자꾸 훈련을 하면 손을 대지
않고 원하는 문자를 고를 수 있다고 해. 그래서 원하는 글자가 선택되었을
때 이를 메시지로 보내는 거지. 아직 완전하게 개발이 된 것은 아니지만 머
지않은 미래에는 키보드와 마우스가 필요 없는 날이 올 거야.

보이지 않는 기술 스텔스

도깨비감투처럼 물건을 사라지게 하는 게 가능할까?
사라지게 하는 건 아니지만, 보이지 않게 하는 기술은 있어. 바로 스텔스 기술이야.
레이더의 전파를 흡수하는 재료를 사용하거나 레이더에 잡히지 않도록
설계를 해서 탐지를 어렵게 하는 군사 과학 기술이지. 하지만 알아둬야 할 게 있어.
스텔스는 도깨비감투나 투명인간처럼 사람 눈에 안 보이는 게 만드는 기술이 아니야.
단지 레이더나 센서 등이 찾기 어렵게 할 뿐이지.

스텔스 기능을 갖춘 위장복

동물들의 경우 뛰어난 감각 기관을 통해 전자기파의 파장을 느낄 수 있어. 전자기파는 감마선, 엑스선, 자외선, 가시광선, 적외선, 라디오 전파 등을 말해. 인간이 다가가면 동물들이 곧바로 알아차리고 도망을 가는 이유도 바로 이거야. 하지만 스텔스 기능을 가진 옷을 입고 다가가면 동물은 알아차리지 못한다고 해. 특히 상어는 시각이 거의 없고 인간에게서 발생되는 전자기파를 탐지해 인간을 공격하는데, 전자기파를 완벽하게 막아 주는 잠수복이라면 상어로부터 안전하겠지?

투명 망토를 만드는 스마트 메타 물질

하지만 전자기파를 막는 것뿐 아니라, 아예 눈에 보이지 않게 되는 투명 망토가 나올 날도 멀지 않았어. 투명 망토를 만들 수 있는 새로운 소재가 개발됐거든. '스마트 메타 물질'이라는 건데, 이 물질에 부딪힌 전파는 반사되는 것이 아니라 휘어져서 망토 뒤로 돌아가게 돼. 우리 눈은 물체에 부딪혀 반사된 가시광선을 인식해 물체를 보게 되는 거거든. 반사되지 않으면 물체가 보이지 않겠지? 물론 이번에 만들어진 물질은 아직 가시광선을 휘어지게 하지는 못하지만 몇 년 안에 가능할 것이라고 해.

| 우주선 (우주에서 오는 에너지) | 감마선 | X선 (초음파) | 자외선 | | 적외선 | TV나 라디오 전파 |

가시광선
(빨, 주, 노, 초, 파, 남, 보)

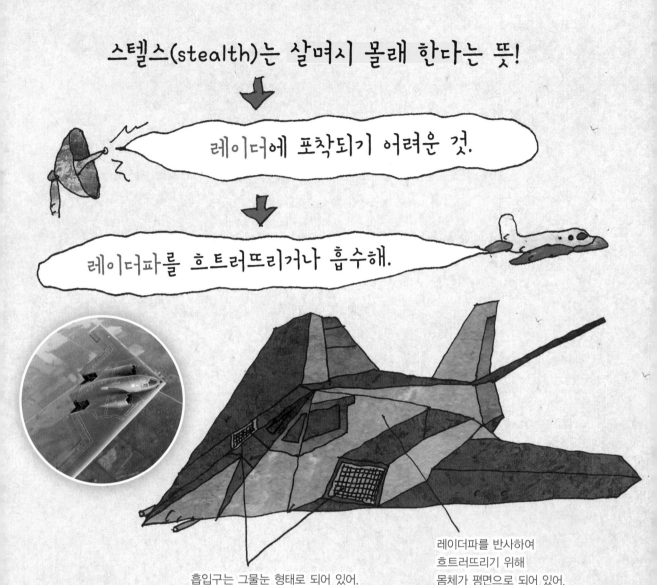

스텔스(stealth)는 살며시 몰래 한다는 뜻!

레이더에 포착되기 어려운 것.

레이더파를 흐트러뜨리거나 흡수해.

흡입구는 그물눈 형태로 되어 있어.

레이더파를 반사하여
흐트러뜨리기 위해
몸체가 평면으로 되어 있어.

레이더를 속이는 스텔스 전투기

레이더에 잡히지 않는 전투기가 있다면 어떨까?
아마 상대방 전투기의 위치를 몰라서 속수무책으로 당하게 될 거야.
영화 속에나 나오는 얘기라고? 그렇지 않아. 실제로 스텔스 전투기가 있어.
전투기뿐 아니라 군함과 잠수함도 있지. 어떻게 해서 레이더에 잡히지 않냐고?
그건 전파를 흡수하는 물질로 전투기를 만들거나 그런 물질을 전투기의 겉에 바르기 때문이야.
혹은 단면적을 작게 설계하는 거지. 마치 평면거울에 빛을 비추면 정면에서는 반사가 되지만
각도가 조금만 달라져도 빛이 보이지 않는 것과 같은 원리야. 그래서 스텔스 기능을 갖춘 비행기는
곡면보다는 평면으로, 그리고 여러 면을 가진 다면체로 만들어져 있어.

이상한 재주

옛 날에 이상하고 기가 막힌 재주를 가진 처녀가 살았어.
글쎄, 하루아침에 모시를 삼아 실타래를 만들고
실을 베틀에 걸어 다섯 필을 짜 내는 재주를 가졌지 뭐야.
무척 손이 빠르고 정확하다는 거지.

이 처녀가 혼기가 꽉 차 시집갈 나이가 되었어.

처녀의 신기한 재주 때문인지 전국 방방곡곡에서 총각들이 몰려들었어.

그러나 처녀의 맘에 꼭 드는 신랑감은 없었어.

"저는 아무리 훌륭한 집안에서 청혼을 해도 생각이 없어요.

아무리 형편없는 집안이라도 나만큼 비상한 재주가 있는 신랑감이면 돼요."

처녀의 부모는 할 수 없이 방을 붙여 신랑감을 구하기로 했어.

방을 보고 어떤 총각이 기가 막힌 재주를 가졌다면서 찾아왔어.

"저는 하루에 열두 칸짜리 기와집을 지을 수 있습니다."

"그런 재주라면 우리 딸이 좋아하겠군. 그럼 어디 그 재주 좀 보세."

다음 날 아침 일찍 총각은 산으로 올라가 나무를 베어 자르고 다듬더니

하루 만에 뚝딱 열두 칸짜리 기와집을 지어 놓았어.

처녀의 아버지는 그만 입이 떡 벌어지고 말았지.

"얘야, 어서 나와 보거라. 이 총각이 정말 하루 만에 기와집을 지었구나."

처녀가 나와 다 지어 놓은 기와집을 이리저리 살펴보았어.

정말 대단하군.

훌륭한 사윗감이에요.

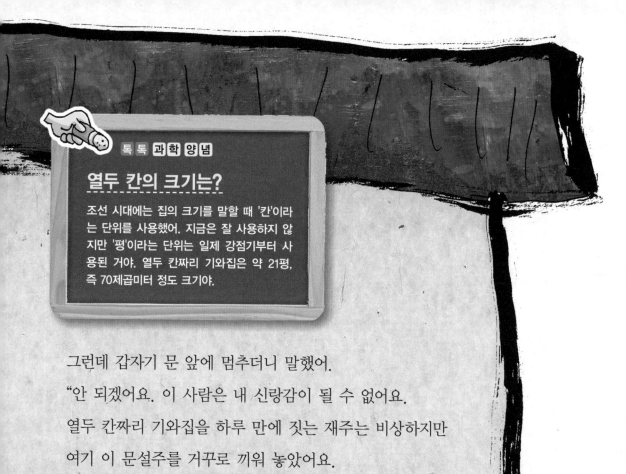

톡톡 과학 양념

열두 칸의 크기는?

조선 시대에는 집의 크기를 말할 때 '칸'이라는 단위를 사용했어. 지금은 잘 사용하지 않지만 '평'이라는 단위는 일제 강점기부터 사용된 거야. 열두 칸짜리 기와집은 약 21평, 즉 70제곱미터 정도 크기야.

그런데 갑자기 문 앞에 멈추더니 말했어.

"안 되겠어요. 이 사람은 내 신랑감이 될 수 없어요.

열두 칸짜리 기와집을 하루 만에 짓는 재주는 비상하지만

여기 이 문설주를 거꾸로 끼워 놓았어요.

내 재주에 비길 수가 없군요."

처녀는 쌀쌀맞게도 자기 방으로 들어가 버리고 말았어.

35

그리고 한 3년 정도가 지났어.

이번에도 굉장한 재주를 가지고 있다고 하면서 한 젊은이가 찾아왔어.

"저는 아침밥을 먹기 전에 벼룩 석 섬을 잡아 코를 꿰어 매달 수 있습니다."

"그래? 그럼 어디 그 재주 좀 보세."

다음 날 젊은이는 이리저리 뛰어다니면서 집 안에 있는 벼룩들을

모조리 잡아 코를 꿰어 천장에 매달아 놓았어.

세상에 별난 재주를 가진 사람도 다 있지?

처녀는 아버지와 함께 매달아 놓은 벼룩을 살펴보기 시작했어.

"아버지, 이 사람도 제 신랑감이 될 수 없어요.

아침밥 먹기 전에 벼룩 석 섬을 잡아 코를 꿰어 매다는 재주는 신통하지만

마지막에서 두 번째로 매달린 벼룩은 코를 꿰지 않고 목을 묶어서 매달았어요.

아직 내 재주에 비할 수가 없어요."

처녀는 쌀쌀맞게도 자기 방으로 쏙 들어가 버리고 말았어.

나 원 참!

젊은이가 돌아가고 다시 3년이 지나도 찾아오는 신랑감은 없었어.

'정말 이대로 시집도 못 가고 늙어 가는구나. 차라리 죽는 편이 낫겠다.'

처녀는 높은 산으로 올라가서 치마를 뒤집어쓰고 밑으로 뛰어내렸어.

그런데 정신을 차리고 보니까 어떤 중이 소쿠리로

자기를 받아 가지고 싱글벙글 웃고 있는 것이 아니겠어?

"도대체 여기가 어딥니까?
제가 어떻게 해서 소쿠리 안에 있는 것입니까?"
"이 벼랑 밑을 지나가는데 마침 당신이
산 위에서 떨어지기에 절에 가서 낫을 들고 나와
대나무 밭에 가서 대를 베어
소쿠리를 만들어 떨어지는 당신을 받았지요."
처녀가 들어 보니 중의 재주가 여간 신기한 것이 아니거든.
처녀는 이 중이야말로 천생배필이라는 생각이 들었어.
그래서 처녀는 이 중에게 시집을 가게 되었대.

휘잉~

아빠, 추워.

털가죽을 더 구해야 할 텐데.

형~

옛날에는 무엇으로 옷을 만들었을까?

인간은 처음에는 동물의 가죽으로 옷을 지어 입었어.
시간이 지나면서 식물의 껍질이나 동물의 털로
실을 만들어 옷감을 짜 입었어. 영국의 산업 혁명
이후에는 천을 짜는 기계가 등장하면서 옷을 대량으로
만들기 시작했어. 우리나라는 고려 때 문익점이
원나라에서 붓두껍에 목화씨를 숨겨 들여온 후
더 따뜻한 옷을 지어 입게 되었어.

붓두껍 →

요건 몰랐지?

목화로 옷감 짜는 순서는

목화송이

1. 목화씨 빼기 : 우선 말린 목화송이에서 씨를 뽑아내고
2. 솜반 짓기 : 틀어 낸 솜을 펴고 두드려
일정한 두께와 크기로 만들어.
3. 고치 말기 : 가래떡처럼 길게 된 솜을 물레를 이용해서
4. 물레로 실 뽑기 : 실로 뽑아내.
5. 옷감 짜기 : 베틀에 앉아 이 실로 옷감을 짜는 거야.

누에고치에서 실을 뽑아 만든 옷감을 비단이라고 해.
옷감 중에 가장 보드랍고 따뜻해.
우리나라에는 삼국시대 이전에 중국에서 들어왔는데,
주로 귀족들의 옷감으로 썼어.

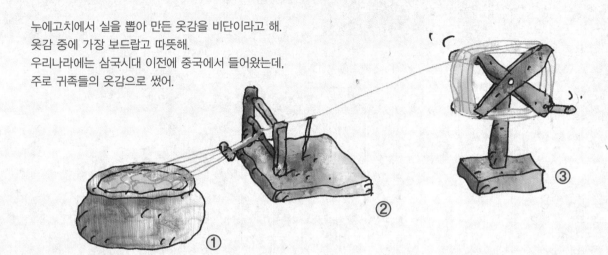

① ② ③

누에고치로 옷 만들기

① 고치를 삶아 올이 잘 풀리도록 해.
② 고치에서 열 가닥 이상의 실을 모아서
자새로 꼬아 실을 만들어.
③ 물레로 실을 감아.
④ 실이 만들어지면 씨실과 날실을 나누어
베틀에 걸어. 세로로 길게 늘어선 것이
'날실'이고 가로 방향의 실이 '씨실'이야.

베 짜기

'베'는 삼베를 말하기도 하지만, 옛날에는 옷감을
'베'라고 불렀어. 그래서 옷감 짜기를 '베 짜기'라고 해.
날실은 베틀 위에 길고 팽팽하게 늘어뜨리고,
씨실은 배처럼 생긴 '북'이라는 그릇에 넣어.
베틀에 앉아 발을 당겼다 폈다 하면 날실이 위아래로 나뉘어.
이 사이로 씨실이 담긴 북이 왔다 갔다 하면서 베를 짜는 거야.

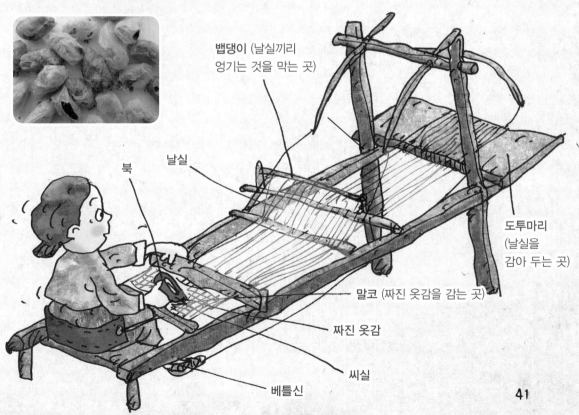

뱁댕이 (날실끼리
엉기는 것을 막는 곳)

북

날실

도투마리
(날실을
감아 두는 곳)

말코 (짜진 옷감을 감는 곳)

짜진 옷감

씨실

베틀신

41

오늘은 옷 색깔을 바꿔야지.

삑ㅡ!

숨 쉬고 생각하는 최첨단 옷

과학 기술이 발달하면서 이제는 우리가 흔히 입는 옷과는
차원이 다른 최첨단 옷들이 만들어지고 있어.
컴퓨터가 들어 있어서 어디서든 인터넷을 할 수 있는 옷도 있고,
입고 있는 사람의 건강 상태를 수시로 확인해 병원으로
전달하는 옷도 있어.
스스로 세탁을 하는 기특한 옷도 있다고 해.
박테리아를 이용하는 건데, 박테리아가 옷에 묻은
지저분한 세균들을 없애 버리는 거지.
옷을 입은 사람이 어디에 있는지를 알 수 있는 옷도 있어.
위치 추적이 되는 옷이야. 이런 옷을 입고 있으면
아이를 잃어버려도 금방 찾아낼 수 있을 거야.

얘가 도대체 어디 있는 거야?

갑자기 배가 아파.

출동!

으앙~~
으

엄마~!

10년 후 전투병의 모습

씩씩한 군인 아저씨들을 위한 군복도 달라지게 될 거야. 겨울에는 옷을 입으면 저절로 온도가 높아져
따뜻해지고 여름에는 시원하게 해 주는 전투복이 나온다고 해. 주위 환경에 따라 카멜레온처럼
변신하기도 하는 전투복이야. 방탄 기능이 강화되어서 총에 맞아도 잘 견디고, 화생방 감지 기능도 있어.
공상 과학 영화에서나 나올 법한 이야기지만 앞으로 10년 정도 지나면 가능한 일이라고 해.

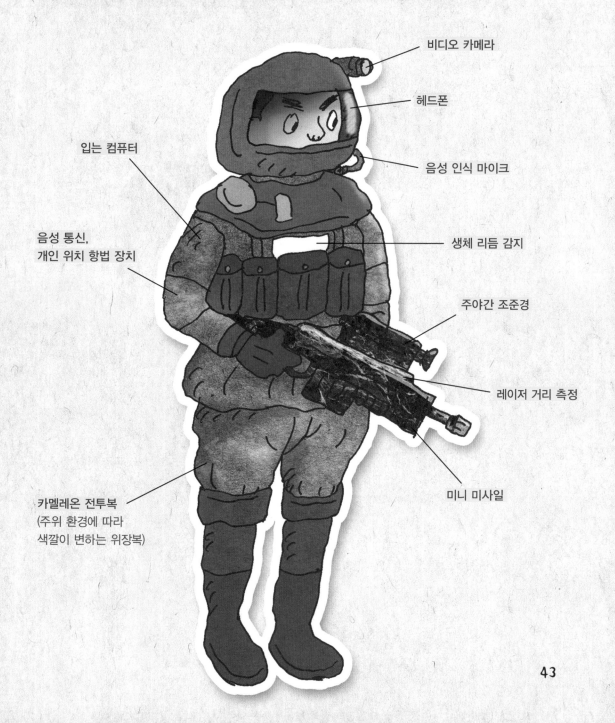

비디오 카메라

헤드폰

음성 인식 마이크

입는 컴퓨터

음성 통신,
개인 위치 항법 장치

생체 리듬 감지

주야간 조준경

레이저 거리 측정

카멜레온 전투복
(주위 환경에 따라
색깔이 변하는 위장복)

미니 미사일

선비 떡장수

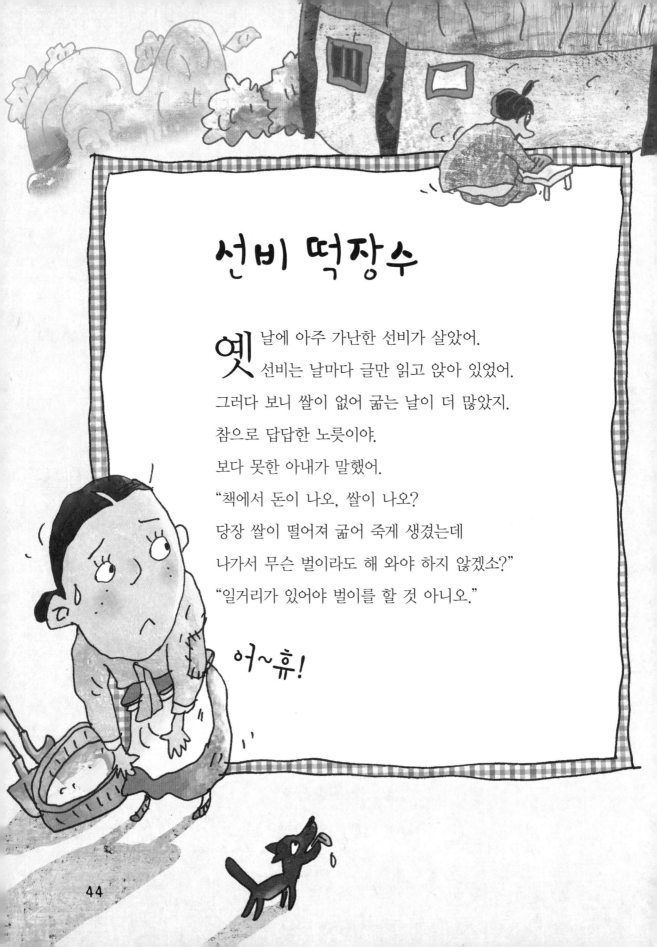

옛날에 아주 가난한 선비가 살았어.
선비는 날마다 글만 읽고 앉아 있었어.
그러다 보니 쌀이 없어 굶는 날이 더 많았지.
참으로 답답한 노릇이야.
보다 못한 아내가 말했어.
"책에서 돈이 나오, 쌀이 나오?
당장 쌀이 떨어져 굶어 죽게 생겼는데
나가서 무슨 벌이라도 해 와야 하지 않겠소?"
"일거리가 있어야 벌이를 할 것 아니오."

어~휴!

"등짐이라도 지고 나가 벌이를 해야지요."

"등짐장사도 밑천이 있어야 하지 않겠소?"

"정말 등짐장사라도 하겠다면

내가 나가서 밑천을 구해 오리다. 잠시 기다리시오."

아내는 그 길로 재 너머 친정으로 달려가 열닷 냥을 꿔 왔어.

선비는 아내가 구해 온 열닷 냥을 가지고

난생 처음 장사하러 길을 떠났어.

시장에 들어선 선비는 배가 고파 엽전 한 닢을 주고

인절미 한 개를 사 먹었어.

그런데 강을 건너자 거기서는 엽전 한 닢에

인절미 두 개를 주는 거야.

한 닢에 두 개요.

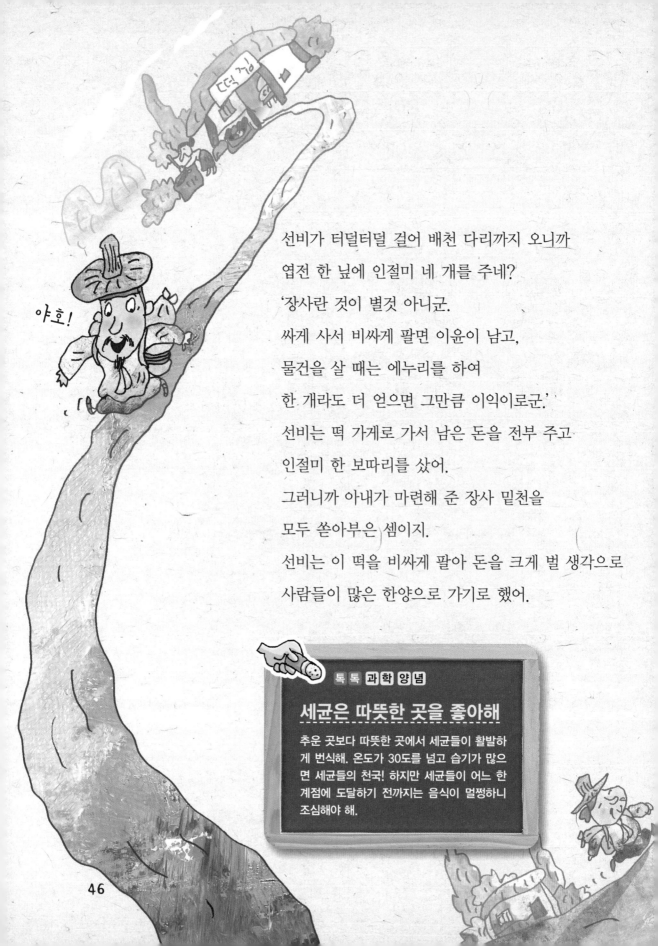

야호!

선비가 터덜터덜 걸어 배천 다리까지 오니까

엽전 한 닢에 인절미 네 개를 주네?

'장사란 것이 별것 아니군.

싸게 사서 비싸게 팔면 이윤이 남고,

물건을 살 때는 에누리를 하여

한 개라도 더 얻으면 그만큼 이익이로군.'

선비는 떡 가게로 가서 남은 돈을 전부 주고

인절미 한 보따리를 샀어.

그러니까 아내가 마련해 준 장사 밑천을

모두 쏟아부은 셈이지.

선비는 이 떡을 비싸게 팔아 돈을 크게 벌 생각으로

사람들이 많은 한양으로 가기로 했어.

톡톡 과학 양념

세균은 따뜻한 곳을 좋아해

추운 곳보다 따뜻한 곳에서 세균들이 활발하게 번식해. 온도가 30도를 넘고 습기가 많으면 세균들의 천국! 하지만 세균들이 어느 한 계점에 도달하기 전까지는 음식이 멀쩡하니 조심해야 해.

그렇게 떡을 사 가지고 떠난 지 5일째 되던 날, 어릴 때 친구를 만났어.

선비는 친구에게 떡장수를 한다며 이 떡을 팔면 큰돈이 생긴다고 자랑을 했지.

"어디 그 떡 맛 좀 보여 주게나."

"한 개쯤이야 맛을 보여 줄 수 있지."

선비는 떡 보따리를 풀기 시작했어.

보따리를 풀자마자 선비와 친구는 그만 기겁을 하고 말았어.

한창 더운 여름날이라 인절미가 쉴 대로 쉬어서

쉰내가 코를 찌르지 뭐야.

장사는 아무나 하나?

아유~, 쉰내~~

음식물 쓰레기를 재활용하자!

우리가 먹고 남긴 음식물 쓰레기가 어마어마하게 많다는 것쯤은 알고 있겠지?
우리가 생활하며 만드는 생활 쓰레기의 30퍼센트 정도가 음식물 쓰레기라고 해.
집이나 음식점에서 먹고 남은 모든 음식은 그대로 음식물 쓰레기가 되니,
그 양이 많을 수밖에 없을 거야. 이러한 음식물 쓰레기는 재활용할 수 있어.
음식물 쓰레기의 80퍼센트는 물기이고 나머지는 재활용할 수 있는 것들이거든.
수분이 많고 영양소도 많기 때문에 퇴비나 동물의 사료로 재활용하기에 적당하지.
하지만 음식물 쓰레기는 때론 역겨운 냄새를 풍기며 부엌의 공기를 어지럽게 해.
그럴 때 음식물 쓰레기 처리기가 있으면 이것들을 깨끗하게 처리할 수 있어.

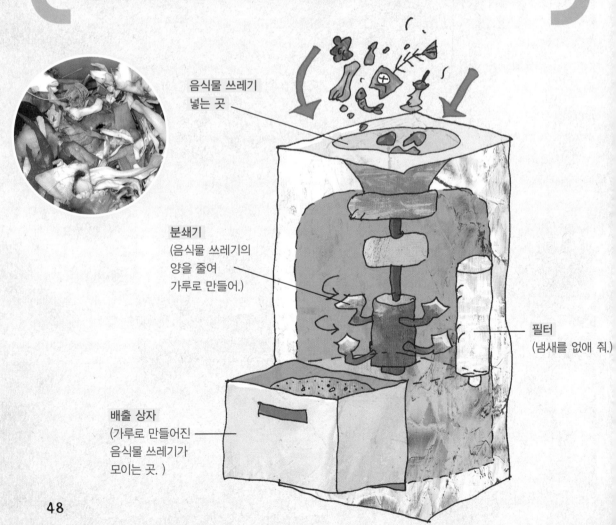

음식물 쓰레기
넣는 곳

분쇄기
(음식물 쓰레기의
양을 줄여
가루로 만들어.)

필터
(냄새를 없애 줘.)

배출 상자
(가루로 만들어진
음식물 쓰레기가
모이는 곳.)

음식물 쓰레기

퇴비로 만들어 사용할 수 있고, 동물의 사료로 쓸 수도 있어.

다양한 음식물 쓰레기 처리기

음식물 쓰레기는 다른 쓰레기들과 섞지 않고 따로 모아서 버려. 그러면 그것들을 수거해 재활용하거나 태우거나 땅에 파묻어. 요즘에는 각 가정에서 사용할 수 있는 음식물 쓰레기 처리기도 많이 나와 있어. 음식물 처리기는 처리하는 방법에 따라 여러 가지 종류가 있어.

건조식	뜨거운 바람으로 음식물 쓰레기를 바짝 말려서 양을 7분의 1 정도로 줄여 줘.
바이오식	음식물 쓰레기에 왕겨나 톱밥 등을 섞어 미생물로 분해해. 이렇게 하면 양이 10분의 1로 줄어들어. 하지만 처리 중에 썩은 낙엽 냄새가 날 수도 있어.
하이브리드식	팬을 돌려 바람으로 수분을 말리고 미생물이 활동하기 좋게 만들어. 이렇게 하면 미생물들이 신나게 쓰레기를 분해하여 음식물 쓰레기의 양이 10분의 1로 줄어들어.

동물의 굵은 뼈나 조개껍질, 복숭아나 자두 씨 같은 딱딱한 것은 음식물 쓰레기 처리기로도 해결이 안 돼. 물론 종이나 금속, 나무 조각 같은 것들도 당연히 안 되지.

둥~
둥~

어머,
내 햄버거!

음식이 둥둥~
무중력 우주

사람들은 지구의 어느 곳에서나 살고 있어.
북극이나 남극같이 추운 곳에서도 살고,
아주 더운 열대 지방이나 사막 같은 곳에서도 살아.
그리고 아무리 춥거나 더운 곳일지라도 음식을 먹지.
우주선을 타고 우주로 나간 우주인들도 마찬가지야.
그런데 안타깝게도 우주에서는 지구에서와 똑같이
생활할 수 없어. 중력이 없기 때문이야.
중력이 뭐냐고? 바로 물체끼리 서로 잡아당기는 힘이야.
우리는 지구가 잡아당기는 중력 덕분에 우주 공간으로
떨어지지 않고 땅에 발을 붙이고 살 수 있는 거야.
우주로 나간 우주인들이 둥둥 떠다니는 것을
본 적 있을 거야. 그처럼 우주에서는 중력이
없기 때문에 아무리 무거운 물건도 공중에 떠다녀.

우주 식단

모든 걸 붙여 놔야
정리가 되는군.

우주에서 음식 먹기

우주에서는 어떻게 음식을 먹을까?
지구에서처럼 음식을 먹으면 되지 않냐고?
그랬다가는 끔찍한 일이 벌어질 거야.

국물은 공중으로 방울방울 흩어져 버리고,

김치나 생선 머리가
둥실둥실 떠다닐 테니까 말이야.
중력이 없는 우주에서는 물처럼
액체로 되어 있거나 물기가 있는
음식은 먹기가 힘들어.

물을 마시려면 플라스틱 주머니에 든 물을 빨대를 이용해 마셔야 해.

예전에는 우주인들을 위한 식품이
모두 튜브에 들어 있었지만
지금은 우리가 먹는 것과 같은
100여 가지의 음식이 제공된다고 해.
뜨거운 물을 부어서 요리해
먹을 수도 있고, 통조림 같은 것도 있어.

우주에서 먹는 식품은 이렇게 만들어

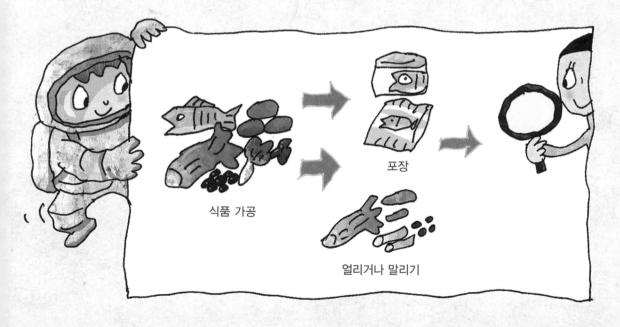

여우의 수건

옛 날에 마음씨가 아주 착한 할아버지가 살고 있었어.
하루는 할아버지가 지팡이를 짚고 고개를 넘어가는데
누군가 따라오는 기척이 들렸어.
뒤를 돌아다봐도 아무것도 없는데 참 이상했어.
달그락달그락 하는 소리가 계속 들렸거든.
하지만 뒤를 돌아다보아도 아무도 없었지.
참! 이상도 하지.

웬 수건?

할아버지는 가는 척하다 갑자기 휙 하고 돌아서며 지팡이를 휘둘렀어.

그런데 놀라운 일이 벌어졌어.

'캥 캥 캥!'

글쎄 여우 한 마리가 죽어라 하고 도망을 치고 있는 것이야.

'여우였구나. 그런데 어떻게 보이지도 않게 따라 왔을까?'

이상해하며 지팡이를 짚고 한참을 걸어가는데

나뭇가지에 하얀 수건 하나가 턱 하고 걸쳐 있었어.

할아버지는 그 수건을 집어서 고개를 올라오느라

흘린 땀을 닦으며 집으로 돌아왔어.

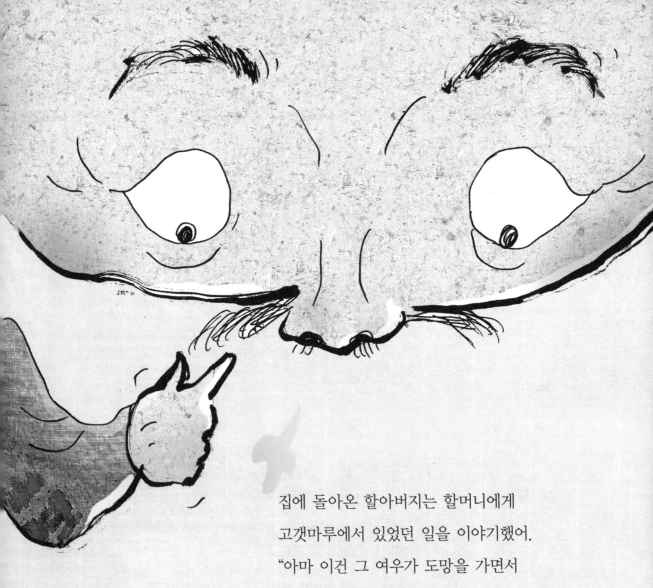

집에 돌아온 할아버지는 할머니에게
고갯마루에서 있었던 일을 이야기했어.
"아마 이건 그 여우가 도망을 가면서
흘리고 간 수건일 것이오."
할머니는 여우 수건을 이리저리 돌려 보며 신기해했어.
"세상에, 여우가 수건을 가지고 다니다니?"
그러고는 그 하얀 수건을 목에 둘러 보았어.

나 여기 있소.

그러니까
그게……
커졌다 작아졌다……

그런데 이게 웬일이야?
갑자기 할머니 몸이 점점 작아지는 거야.
결국 할머니는 개미만 하게 작아졌어.
수건을 목에서 풀었더니 다시 예전처럼 커졌지.
"참! 신통한 수건도 다 있네."
할아버지와 할머니는 번갈아 가면서 수건을 목에 둘러 보았어.
몸이 작아졌다, 커졌다, 정말 신기하기 짝이 없었어.

그때 나라에는 큰 걱정거리가 생겼어.

임금님이 이웃 나라 임금님과 서로의 품속에 감춘 물건이

무엇인지 알아맞히는 내기를 했는데,

맞히면 상대방 나라의 절반을 얻고,

틀리면 자기 나라의 절반을 주기로 했다는 거야.

게다가 이웃 나라에는 무엇이든 알아맞히는 용한 점쟁이가 있었거든.

임금님의 걱정은 하루하루 커져만 갔지.

이 소식을 들은 할아버지가 임금님을 찾아갔어.

"임금님, 저에게 좋은 방법이 있습니다."

그러고는 내기가 열리기 전날 여우 수건을 가지고 이웃 나라로 갔어.

수건을 두르고 작아진 채로 이웃 나라 임금님 옆에서

서성거리던 할아버지는 점쟁이의 비밀을 알아냈어.

바로 겨드랑이 밑에 난 사마귀에서 그런 신통력이 나온다는 거야.

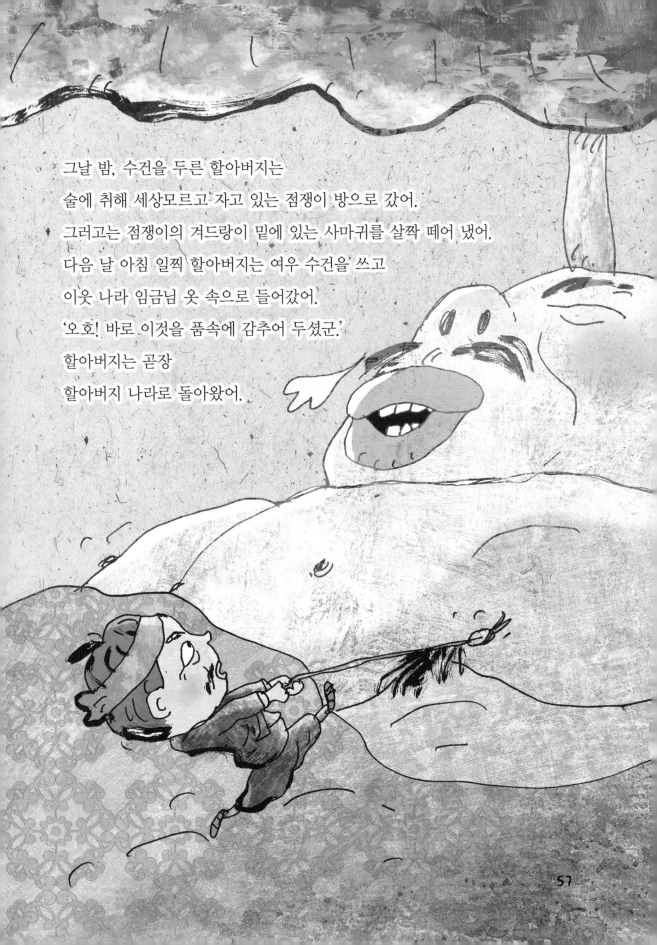

그날 밤, 수건을 두른 할아버지는
술에 취해 세상모르고 자고 있는 점쟁이 방으로 갔어.
그러고는 점쟁이의 겨드랑이 밑에 있는 사마귀를 살짝 떼어 냈어.
다음 날 아침 일찍 할아버지는 여우 수건을 쓰고
이웃 나라 임금님 옷 속으로 들어갔어.
'오호! 바로 이것을 품속에 감추어 두셨군.'
할아버지는 곧장
할아버지 나라로 돌아왔어.

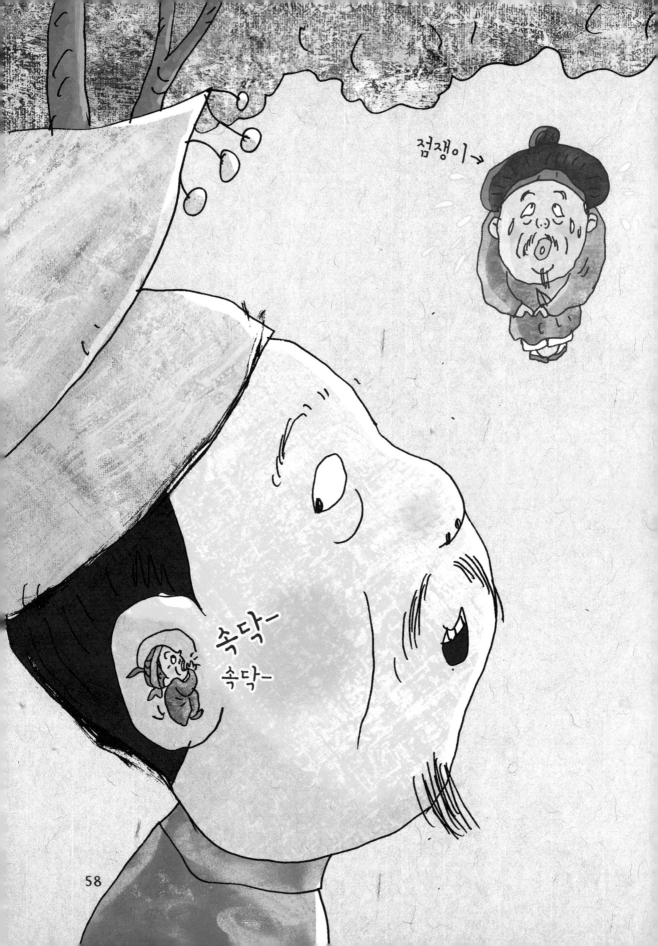

톡톡 과학 양념

바이러스 때문에 생기는 사마귀

우리 몸에 생기는 사마귀는 바이러스 때문에 생기는 피부 질환이야. 몸 어디에나 생길 수 있어. 흔히 볼 수 있는, 거칠고 튀어나온 사마귀는 대부분 아이들에게 생겨.

드디어 내기의 날이 왔어.

먼저 이웃 나라 임금님이 알아맞히기로 했어.

하지만 이웃 나라 점쟁이는 쩔쩔매며 진땀만 흘리고 있었어.

당연하겠지? 겨드랑이에 난 사마귀를 할아버지가 떼어 냈으니 말이야.

이제 할아버지 나라 임금님이 맞힐 차례야.

여우 수건을 두르고 개미만 해진 할아버지는 임금님 귓속에 앉아 속삭였어.

"임금님, 이웃 나라 임금님은 금으로 만든 도장을 품고 있어요."

그 말을 들은 할아버지 나라 임금님이 시침을 뚝 떼고 말했어.

"그럼 이번엔 내가 맞혀 보지요. 금으로 만든 도장을 품고 오셨군요."

이웃 나라 임금님과 점쟁이는 깜짝 놀라서 입을 다물지 못했어.

내기에서 진 이웃 나라 임금님은 아깝지만 나라의 절반을 내놓았어.

할아버지는 임금님이 내려 준 높은 벼슬자리에 올라

착하고 성실하게 백성을 다스렸다나.

사람이 작아질 수가 있을까?

영화 속에서는 사람이 손가락만 하게 작아지는 모습이 나오기도 하지만,
실제로는 아직 사람을 작아지게 만드는 물질은 발명되지 않았어.
먼 미래에는 가능할지 모르지만 말이야. 사람이 작아질 수는 없지만 대신 아주 작은
로봇을 만들 수는 있어. 로봇이 최근에 만들어지기 시작한 것이라고 생각하니?
그렇지 않아. 옛날부터 사람들은 로봇에 대한 꿈을 꾼 것뿐 아니라 실제로 만들기도 했어.
예술가이자 과학자인 레오나르도 다빈치는 기사 모양의 인형에 자동 장치를 한
설계도를 그려 놓았어. 나중에 그대로 만들어 보았더니 실제로 움직이기도 했대.
1700년대 프랑스의 발명가인 보캉송이 만든 오리는 소리를 낼 수 있고 시간을
알려 주기도 해. 재미있는 것은 음식을 먹고 뭉쳐서 똥으로 내보낼 수도 있게 만들었다는 거야.
우리나라에서는 조선 시대에 만든 물시계인 자격루가 바로 로봇이라고 할 수 있지 않을까?
자동으로 시간을 알려 주니까 말이야.

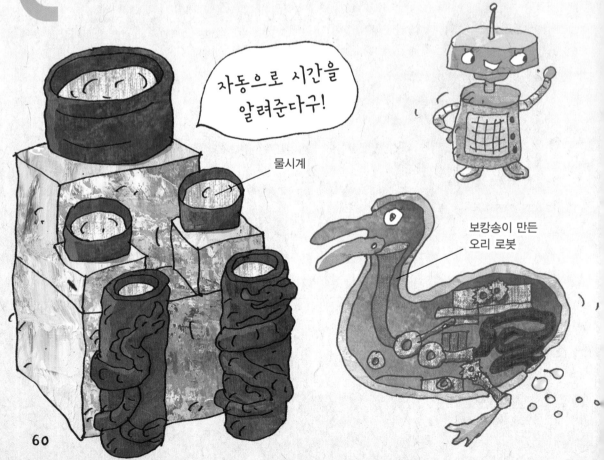

자동으로 시간을 알려준다구!

물시계

보캉송이 만든
오리 로봇

인간의 노동을 대신하는 로봇

로봇은 크게 지능형 로봇과 산업용 로봇으로 나눌 수 있어.
지능형 로봇은 인간에 가깝게 만들어진 로봇이야. 인공 지능과 센서를 가지고 있어서 두뇌의 역할을 해.
그래서 바깥 환경을 스스로 감지하고 판단해서 행동해. 잘 알려진 지능형 로봇으로는
일본에서 만든 아시모가 있어. 우리나라에서 만든 휴보도 지능형 로봇이야.
산업용 로봇은 대부분 인간의 팔처럼 생긴 팔을 가지고 있어.
손에 해당하는 부분에 장치를 부착해 작업을 할 수 있도록 만들었어. 물건을 들어 올리거나 용접을 하는 일,
정밀함이 필요한 작업 혹은 위험한 작업 등을 인간을 대신해 하고 있어.

산업용 로봇

무인 정찰기

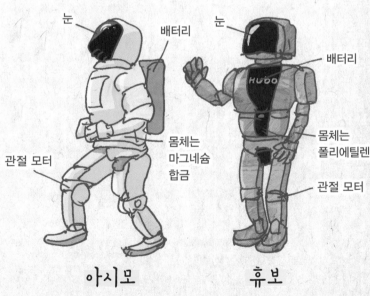

눈
배터리
눈
배터리
몸체는
마그네슘
합금
관절 모터
몸체는
폴리에틸렌
관절 모터

아시모   휴보

화성 탐사 로봇 '스피릿'

로봇은 다양한 곳에 쓰이는데, 전쟁에서 활약하는
전쟁 로봇도 있어. 위험한 폭발물 처리나 정찰 등을 할 수 있고
전투에 직접 참가하기도 해. 이밖에도 깊은 바닷속을 탐사하는 로봇,
우주에서 활동하는 우주 탐사 로봇, 혈관을 타고 다니며
바이러스를 없애는 로봇, 집을 깨끗하게 청소해 주는 청소 로봇 등
로봇은 인간 생활에 널리 이용되고 있어.

나노 로봇

크기 : 10억 분의 1미터

특징 : 원자 배열에 따라 여러 가지 기능을 한다.

활동하는 곳 : 주로 환자의 몸속

눈에 보이지 않는 로봇

우리 몸속에 들어가 병을 치료하는 로봇이 있어.

너무 작아서 눈에는 보이지도 않는 나노미터(10억 분의 1미터) 크기의 '나노 로봇'이야.

'나노'라는 말은 고대 그리스어로 '난쟁이'를 뜻해. 하지만 작다고 무시하지는 마.

우리 몸속의 세포들도 아주 작지만 저마다 복잡한 일을 하고 있잖아.

이렇게 작은 나노 로봇을 만들기 위해서는 그만큼 작은 부품을 만드는 기술이 필요해.

나노 로봇의 기본 부품은 물질의 기본 단위인 '원자'라고 해.

약처럼 캡슐로 사람 몸속에 들어가서 병원균이 많잖아.

캡슐

적이다.

처음 보는 녀석들인데?

후퇴!

62

보이지도 않는군.

눈으로 볼 수 없는 나노의 세계

세상의 모든 것은 아주 작은 것이 모여 이루어져 있어.
우리 눈에는 보이지 않는 원자나 분자 등
나노미터 크기의 것을 다루는 나노 과학과 나노 기술이 있다면
우리는 새로운 세계를 만날 수 있을 거야.
하지만 나노미터가 어느 정도 크기인지 짐작도 되지 않는다고?
쉽게 이해가 안 된다면 지구를 미터라고 생각하고 축구공을
나노미터라고 생각해 봐. 그런 정도로 아주 작은 크기야.

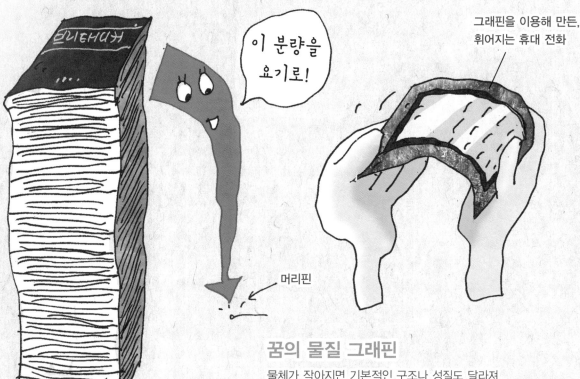

이 분량을 요기로!

머리핀

그래핀을 이용해 만든, 휘어지는 휴대 전화

나노 기술의 증명

노벨 물리학상 수상자인 리처드 파인만은
"브리태니커 사전 24권 분량을
머리핀 정도의 크기에 저장할 수 있다."고 했어.
미래에는 이보다 더 놀라운 일이 벌어질 거야.

꿈의 물질 그래핀

물체가 작아지면 기본적인 구조나 성질도 달라져.
연필심도 마찬가지야. 연필심에 사용되는 흑연은 탄소 입자들이
육각형의 벌집 모양으로 여러 겹 쌓아올린 구조로 되어 있는데,
여기에서 가장 얇게 떼어낸 한 층을 '그래핀'이라고 해.
이 그래핀은 구리보다 100배 이상 전기가 잘 통하고
반도체의 주재료인 실리콘보다 100배 이상 전자의 속도가
빠르다고 해. 단단하기는 강철보다 200배 이상 강하고.
이런 그래핀을 활용하면 초고속 반도체나 휘어지는
디스플레이의 컴퓨터, 높은 효율의 태양 전지를 만들 수 있어.

용궁으로 간 토끼

옛날 동해 바다 깊은 곳에 용궁이 있었어.
그곳에는 용왕님이 많은 물고기들과 행복하게 살고 있었어.
그런데 어느 날, 건강하던 용왕님이 갑자기 이름 모를 병에 걸리고 말았지 뭐야.
의사는 용왕님을 진찰하고는 고개를 갸웃거리며 걱정스럽게 말했어.
"용왕님의 병은 바닷속의 약으로는 도저히 고칠 수 없습니다."
"뭐라고? 그럼 내가 죽는단 말인가?"
"아니옵니다. 딱 한 가지 방법이 있습니다.
인간 세상에 있는 토끼라는 짐승의 간을 드시면 금방 일어날 수 있으실 겁니다."

큰일일세!

거 참!

다음 날, 여러 신하들이 모여 토끼를 잡으러 갈 용사를
정하기로 하고 회의를 열었어.
거북이, 문어, 민어, 상어, 게, 조기, 고래, 조개, 새우 등
바닷속 모든 벼슬아치들이 다 모였지.
"고래 대장이 군사를 거느리고 인간 세상으로 쳐들어가
토끼를 잡아 오는 것이 어떻겠습니까?"
항상 말을 할 때 톡톡 쏘아 대는 새우 대신이 말했어.
"뭐라고? 나더러 죽으라는 말이오?
내가 물 밖으로 나가면 금방 죽어 버린다는 것을 모르시오?"
바닷속 총대장인 고래가 버럭 소리를 질렀어.

고래뿐 아니었어.

물고기들은 육지로 나가면 다 죽는다는 사실을 모를 리가 없잖겠어?

그러니 그 누구도 선뜻 나서지를 않았어.

그때 자라가 슬그머니 용왕님 앞으로 나갔어.

"제가 밖으로 나가 토끼를 잡아 오겠습니다."

"오, 그렇지! 자라 대신은 물속이나 땅이나 모두 다닐 수 있으니

토끼를 데려올 수 있을 것이오."

용왕님은 자라 대신에게 부탁을 했어.

그런데 문제가 있었어.

도대체 토끼란 녀석이 어떻게 생겼는지 알아야 데려올 게 아니겠어?

마침 전복 대신이 오래 전 할머니가 들려준

토끼 이야기를 떠올리며 어줍잖게 그림을 그려 자라에게 주었어.

두 귀는 쫑긋, 두 눈은 부리부리, 허리는 잘룩, 꼬리는 몽땅하게 그렸어.

드디어 자라는 물고기들의 배웅을 받으며 육지로 출발을 했지.

자라가 육지로 나왔을 때는 늦은 봄이었어.

자라는 토끼 그림을 들고

이 산 저 산 토끼를 찾아 헤매고 다녔어.

신기하군!

요것이 토끼?

그러나 좀처럼 토끼를 만날 수가 없었어.

그때, 우거진 풀 속에서 하얀 솜뭉치 같은 것이 움직이고 있는 게 아니겠어.

가지고 있던 그림과 비교해 보니 틀림없는 토끼였어.

"혹시 토끼 님 아니신지요?"

"예, 내가 바로 토끼요."

"저는 동해 바다에서 온 자라 대신입니다.

당신같이 잘생긴 이가 우리 용궁으로 오면 후하게 대접을 받을 것입니다."

자라는 온갖 아첨을 하며 용궁으로 가자고 토끼를 꼬드겼어.

"좋소. 당신만 믿고 따라가겠소."

솔깃해진 토끼는 자라 등에 업혀 용궁으로 향했어.

용궁에 도착한 토끼는 다짜고짜 달려드는 문어와 낙지에게
꼼짝없이 묶여 버리고 말았어.
그리고 용왕님 앞으로 끌려갔지.
무서워서 벌벌 떨고 있는 토끼에게 용왕님이 말했어.
"나는 동해의 용왕이다. 내가 지금 병이 있어 너의 간이 필요하다.
네가 죽으면 오색 비단으로 몸을 감싸고
온갖 보석으로 관을 짜고 황금으로 너의 무덤을 만들어
천 년, 만 년을 두고 너의 공을 치하할 것이다."
이 말을 들은 토끼는 눈앞이 캄캄해졌어.
그야말로 마른하늘에 날벼락이잖아.

하지만 곧 정신을 차리고 용궁을 탈출할 방법을 생각하기 시작했지.

그때 한 가지 좋은 꾀가 떠올랐어.

"죽기 전에 한 가지 드릴 말씀이 있습니다.

용왕님의 병을 제 간으로 고칠 수 있다고 하니

어찌 죽기를 마다하겠습니까?

하지만 저의 간이 어떤 병이든 낫게 한다는 것은

세상 모든 이가 알고 있기 때문에 다들 만나기만 하면

간을 달라고 성화를 부립니다.

그래서 저는 밖으로 나올 때 아예 간을 두고 나옵니다.

오늘도 간을 두고 나오는 길에 자라를 만나 여기까지 오게 되었습니다."

토끼는 정말 황송하고 죄송한 듯 머리를 잔뜩 조아리며 두 귀를 낮추었어.

"제가 진작에 알았더라면 간을 가지고 왔을 것입니다.

지금이라도 빨리 육지로 가서 간을 가지고 돌아오겠습니다."

용왕님과 신하들은 토끼의 꾀에 넘어 가고 말았어.

"그래, 참으로 고맙구나. 자라 대신, 어서 토끼와 함께

육지로 가서 간을 가지고 오시오."

용왕님의 분부에 자라는 다시 토끼를 업고 육지로 나왔어.

육지에 도착하자마자 토끼는 자라에게 말했어.

"세상에 어느 누가 간을 빼놓고 다니겠느냐? 바보 같은 놈."

토끼는 깡충깡충 뛰어 산속으로 들어갔어.

메롱!

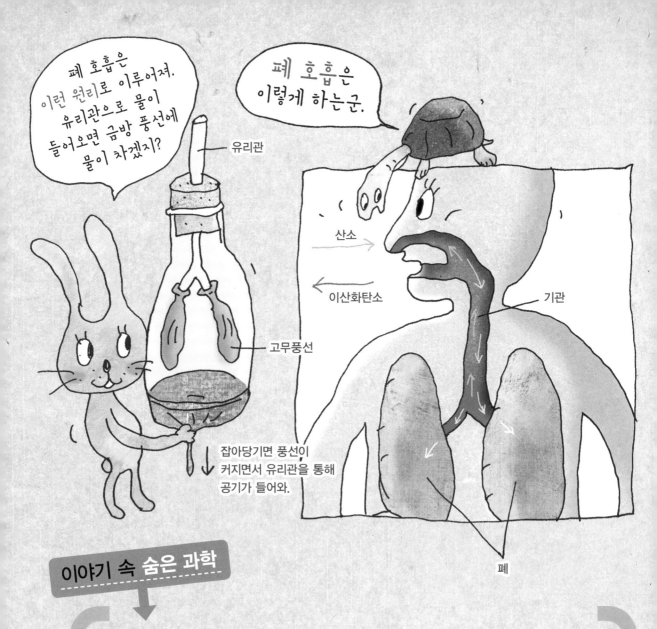

토끼가 용궁에서 살 수 있을까?

자라를 쫓아 용궁으로 간 토끼. 하지만 실제로도 토끼가 용궁에 가서 살 수 있을까?
모든 동물은 숨을 쉬어야 해. 숨을 쉬면서 몸속에 있는 영양소를 살아가는 데
필요한 에너지로 만들어야 하거든. 동물이 숨을 쉬는 것은 공기 중에 산소가
있기 때문이야. 물론 물속에도 산소가 있기 때문에 물고기 같은 동물들이 살 수가 있어.
하지만 토끼는 폐로 호흡을 하기 때문에 물속에서는 활동을 할 수가 없어.
사람이나 토끼처럼 폐로 호흡을 하는 동물은 산소와 함께
물도 마시게 되므로 물이 기도를 통해 폐로 들어가.
폐에 물이 차면 공기가 제대로 전달되지 못하니까 토끼는 물속에서는 살 수가 없어.

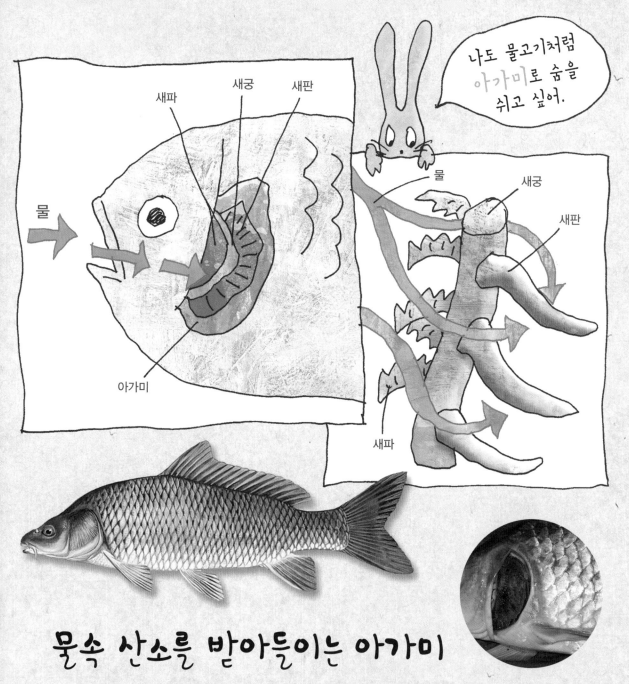

나도 물고기처럼 아가미로 숨을 쉬고 싶어.

새파 새궁 새판

물

물 새궁

새판

아가미

새파

물속 산소를 받아들이는 아가미

물고기들은 폐가 아닌 아가미로 호흡하기 때문에 물속에서 살 수가 있어.
물속에 있는 산소만을 골라낼 수 있거든.
물고기들의 아가미는 부챗살처럼 여러 갈래로 갈라져서 물속에 녹아 있는 산소를 몸속으로 들여보내.
그리고 몸속에서 만들어진 이산화탄소는 다시 아가미를 통해서 내보내는 거야.
만약 물고기의 아가미와 같은 역할을 하는 기구가 발명된다면
폐로 호흡하는 동물들도 물속에서 숨을 쉴 수가 있을 거야.
사람은 산소통을 이용해 물속에 들어가 활동할 수 있지만 오랜 시간은 머무를 수 없어.
산소통에 있는 산소가 떨어지면 다시 물 위로 올라와야 하기 때문이야.

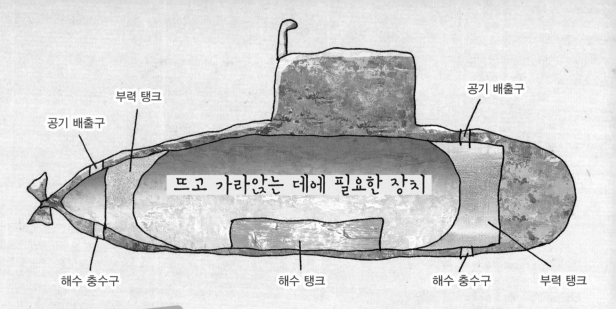

공기 배출구
부력 탱크
공기 배출구

뜨고 가라앉는 데에 필요한 장치

해수 충수구
해수 탱크
해수 충수구
부력 탱크

물속에서 마음대로 움직이는 잠수함

깊은 물속을 누비는 잠수함. 잠수함은 물속에서
가라앉아도 안 되고 마냥 떠 있어도 안 돼.
뜨고 가라앉는 것을 마음대로 할 수 있어야
제대로 된 잠수함이라고 할 수 있어.
엄청나게 무거운 잠수함이 가라앉고 뜨는 것은
바로 '부력'이라는 힘을 이용한 거야.
물체를 밑으로 가라앉도록 잡아당기는 힘은 중력인데,
액체 속에 있는 물체가 이 중력에 반하여
위로 뜨려고 하는 힘이 부력이야.
잠수함이 가라앉을 때는 해수 탱크와 부력 탱크에
바닷물을 빨아들여 잠수함을 무겁게 해.
그리고 떠오를 때는 해수 탱크와 부력 탱크에서
물을 내보내 잠수함을 가볍게 하는 거야.

잠수할 때

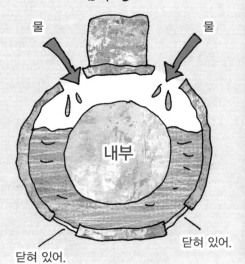

물   물

내부

닫혀 있어.   닫혀 있어.

올라올 때

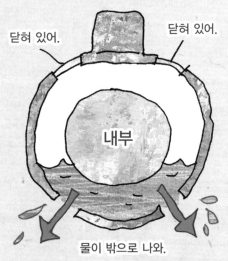

닫혀 있어.   닫혀 있어.

내부

물이 밖으로 나와.

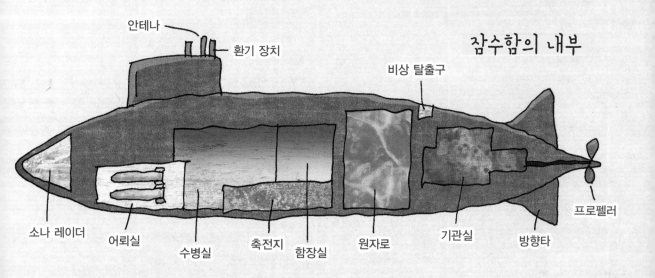

안테나
환기 장치

잠수함의 내부

비상 탈출구

프로펠러

소나 레이더
어뢰실
수병실
축전지
함장실
원자로
기관실
방향타

높은 수압을 견뎌라!

물속 깊은 곳은 수압, 즉 물에 의한 압력이 엄청나게 커져.
그렇기 때문에 잠수함은 이것을 버틸 수 있는 재질로 만들어야 해. 그래서 강도 높은 티타늄 같은 합금을 사용해.
그렇지 않으면 깊은 물속에서 오래 견디질 못하고 형편없이 찌그러질 수 있거든. 잠수함은 무엇으로
움직이느냐에 따라 원자력 잠수함과 재래식 잠수함으로 구분을 해. 원자력 잠수함은 핵에너지를 이용하여
움직이고 재래식 잠수함은 디젤이나 전기로 움직여. 세계 최초의 잠수함은 1620년 네덜란드의 드레벨이 만들었어.
나무로 만들어진 이 잠수함은 마치 배처럼 노가 달려 있어. 3미터 깊이의 물속까지 들어갔다고 해.
전쟁에 쓰인 최초의 잠수함은 미국의 브시넬이 만든 잠수함이야.
'터틀'이라는 이름의 이 잠수함은 달걀 모양으로 생겼는데, 사람의 힘으로 움직였어.

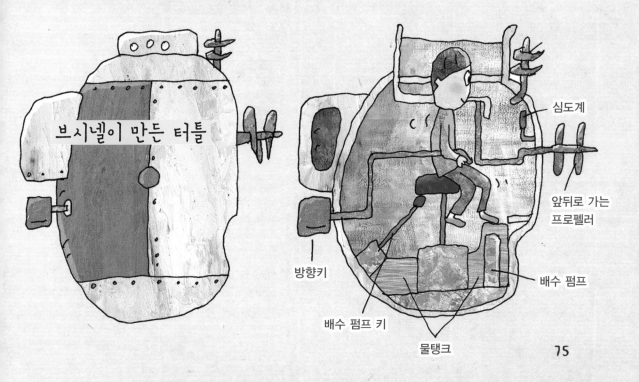

브시넬이 만든 터틀

심도계

앞뒤로 가는
프로펠러

방향키

배수 펌프

배수 펌프 키

물탱크

이상한 항아리

어 느 마을에 부지런한 농사꾼이 있었어.
    열심히 밭을 갈던 농사꾼은 커다란 항아리 하나를 캤어.
'집에 가져다가 허드레 물건이라도 넣어 두어야겠군.'
농사꾼은 항아리를 집으로 가져갔어.
그리고 아무 생각 없이 쓰던 괭이를 항아리 속에 넣어 두었지.

다음 날, 항아리에 넣어 둔 괭이를 꺼내니까
또 한 자루의 괭이가 있는 것이 아니겠어.
농사꾼은 이상한 생각이 들어 이번에는 엽전 한 닢을 항아리 속에 넣었다 꺼냈어.
그랬더니 이번에도 엽전 한 닢이 항아리 속에 더 있는 거야.
"여보, 이리 와 봐요. 이 항아리가 보통 신기한 보물이 아닌 거 같소."
농사꾼은 아내를 불러 물건들을 하나씩 넣었다 꺼내 보았어.
역시 항아리 속에 물건이 하나씩 더 들어 있었지.
"이건 보통 항아리가 아닌 거 같아요. 방에다 잘 보관해 둡시다."
농사꾼 부부는 항아리를 방으로 들고 들어갔어.

방에다 잘
보관해 둬요~!

끙-!
끙-!

78

그런데 발 없는 말이 천리를 간다고,

농사꾼이 보물을 가지고 있다는 소문이

마을에 금세 쫙 퍼지고 말았어.

이 마을에는 맘이 아주 고약한 영감이 있었는데,

이 영감이 소문을 듣고 농사꾼을 찾아왔어.

그러고는 다짜고짜 멱살부터 잡고 생떼를 쓰는 거야.

"그 항아리는 내 것이다! 얼른 내놓지 못해?"

"아니, 영감님. 내 밭에서 내가 파낸 것인데 어찌 영감님 항아리란 말입니까?"

"암, 그렇겠지. 원래 그 밭은 내 밭이었네.

내가 난리 때 파묻어 놓은 항아리란 말일세.

난 밭만 팔았지 항아리는 팔지 않았단 말일세."

마음씨가 착한 농사꾼은 항아리를 내주려고 했어.

그러자 구경을 하던 마을 사람들이 한사코 말도 안 되는 소리라고 했어.

할 수 없이 항아리를 가지고

마을 원님에게로 가 재판을 받기로 했지.

집에 갖다
놓아야지.

그간의 이야기를 들은 원님이 말했어.

"자네들 말만 듣고는 누가 임자라고 말하기가 어렵구먼.

먼저 그 항아리를 살펴보아야겠다."

농사꾼은 들고 있던 담뱃대를 항아리 속에 넣었다가 꺼냈어.

원님은 항아리 속에 똑같은 담뱃대가 또 있는 것을 보고 놀라 자빠질 뻔했지.

그리고 갖고 싶다는 욕심이 생겼어. 하지만 시치미를 떼고 점잖게 말했어.

"싸움이 생길 만도 하군. 내가 할 일은 너희들의 싸움을 말리는 것이니

　이 항아리를 관아에 두기로 한다."

　　원님의 말이라 감히 누구도 반대할 수 없었지.

　　모두가 돌아가자 원님은 항아리를

　　　자기 집 대청마루에 갖다 놓았어.

　　　자기 항아리로 만들 셈이었던 거야.

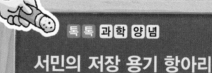

톡 톡 과학 양념

서민의 저장 용기 항아리

비교적 큰 옹기를 항아리라고 불러. 서민들이 주로 저장용 용기로 많이 사용했어. 보통 간장이나 고추장을 담아 놓는데, 공기구멍이 있어서 노폐물을 밖으로 내보내는 기능을 가지고 있어.

다음 날, 원님은 아침 일찍 관아로 출근을 했어.

원님 집에는 늙고 병든 원님의 아버지가 있었지.

원님의 아버지가 잠시 바람을 쐬러 대청마루로 나왔어.

그런데 대청마루에 못 보던 항아리가 있는 거야.

뭐가 들었는지 궁금했던 원님의 아버지는 허리를 숙여

항아리 속을 들여다보았어.

항아리 속에 아무것도 들어있지 않은데 보일 리가 있겠어?

원님의 아버지는 허리를 더 깊게 숙였어.

그런데 이를 어째! 원님의 아버지가 그만 머리를 박고

항아리 속에 빠져 버리고 말았지 뭐야.

으아아악~~!

"아이고, 사람 살려."
항아리 속에서 사람 소리가 들리자
집안 식구들이 달려왔어.
그러고는 항아리 속에 있는 원님의 아버지를 꺼냈지.
그런데 항아리 속에 늙은이가 또 앉아 있는 거야.
꺼내도 또 있고, 또 꺼내도 또 있고…….
항아리 속에서 늙은이는 계속 나왔어.

저녁에 원님이 집으로 돌아왔을 때는
원님의 아버지가 수백 명이 되어 있었지.
정말 기가 막힌 노릇이었어.
원님은 그만 땅에 주저앉아
울어 버리고 말았대.

항아리는 복사기?

이야기처럼 항아리에서 똑같은 물건들이
계속 나온다면 참 재미있을 거야.
우리 주변에서 항아리처럼 어떤 물건을 똑같이
만들어 내는 것에는 복사기가 있어. 종이에 쓰여 있는
그림이나 글자를 똑같이 다른 종이로 옮겨 주는 기계 말이야.
그렇다면 복사기는 어떤 원리로 만들어졌을까?
카메라와 프린터를 연결한 장치라고 보면 이해가 쉬울 거야.
복사기는 탄소 알갱이로 되어 있는 토너의
가루 입자들을 정전기에 의해 원통형 드럼에
달라붙도록 했다가 인쇄할 종이로 다시
옮겨 붙게 하는 원리로 이루어져 있어.

토너의 검은 탄소 가루를
(−) 성질로 만들어서 글자가 있는
검은 부분에만 달라붙도록 해.
그리고 종이를 토너에 빈틈없이
바짝 붙이고 종이 뒤에 강한
(+) 성질을 발사하면 드럼에 붙어 있는
(−) 성질의 토너 가루는 종이로
옮겨 붙게 되지. (+)와 (−)는 서로
만나려는 성질이 있거든. 여기에 180도
정도의 열을 주면 토너 가루 입자들이
영원히 종이에 달라붙게 돼.
그래서 방금 복사한 종이는 따뜻한 거야.

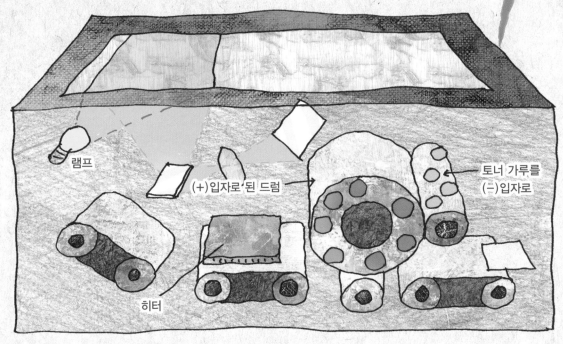

램프
(+)입자로 된 드럼
토너 가루를
(−)입자로
히터

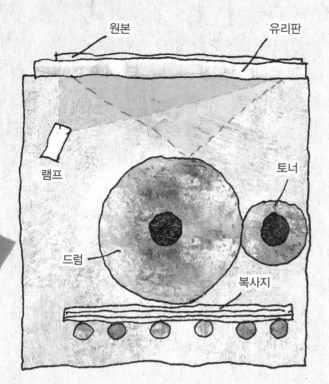

원본   유리판

램프

토너

드럼

복사지

찌릿찌릿 정전기

정전기는 주로 두 물질이 부딪치거나
마찰할 때 생겨. 이때 발생한 전기가 바로

**상대 물질로 이동하지 않고
머물러 있기 때문에
'정전기'라고 부르는 거야.**

빗으로 머리를 빗다가 머리카락이 빗에
달라붙어서 위로 솟았던 적 있을 거야.
그게 바로 정전기 때문에 일어나는 거야.
머리카락은 빗과 서로 다른 전기를 띠는데,
전기는 서로 다른 성질을 잡아당기는
힘이 있거든. 건조한 겨울에 스웨터를 벗다가
'따끔' 한다든가, 금속으로 된 손잡이를
잡았을 때 '찌릿' 한 것도 다 정전기 때문이야.

지지직~

평소에는
비율이 같아
전기를 띠지 않아.

찌릿 찌릿

안녕?
놀러 왔어.

어서 와.

정전기를 비롯한 모든 전기 현상은
'전하' 때문에 일어나. 전하에는 (+)인 양전하와
(−)인 음전하가 있어. 각 물질의 양전하와
음전하 수는 같기 때문에 평소에는 전기를
띠지 않아. 그러다 두 개의 물체가 마찰하면,
한쪽 물질에 있는 음전하의 일부가
다른 물질로 이동해. 그러면 양전하와
음전하의 수가 달라지고, 전기를 띠게 되는 거야.

메에에에~

조심스러워야 할 인간 복제

종이를 복사하듯이, 사람도 똑같이 만들어 낼 수 있을까?
영화 속에서나 가능해 보였던 이 일이 실제로 연구되고 있어. 바로 '인간 복제' 얘기야.
아직까지 인간 복제가 성공하지는 않았지만, 양이나 소 같은 동물의 복제에는 성공했어.
그리고 이러한 성공을 바탕으로 한 인간 복제도 머지않은 미래에 가능할 것으로 보여.
인간 복제는 과학적으로는 매우 대단한 일이지만 그것이 옳은 것인지에 대해서는
찬성과 반대가 팽팽하게 맞서고 있지. 찬성하는 쪽은 임신을 하지 못하는 사람들을
위해 인간 복제가 필요하다고 해. 또한 고치기 어려운 병에 걸린 사람들은
복제 인간으로부터 신장이나 골수 같은 장기를 이식받음으로써
살아날 수 있기 때문에 인간 복제는 필요하다고 해. 그러나 반대도 만만치 않아.
살아 있는 생명체를 복제한다는 것이 쉬운 일이 아니거든.
실제로 최초의 복제 양인 돌리도 2백 번이 넘는 실험 끝에 탄생했어.
그래서 이렇게 만들어진 인간이 오히려 일찍 죽을 수도 있다는 거야. 무엇보다,
'신의 영역'인 생명의 탄생에 대한 도전이기 때문에 윤리적으로 문제가 된다는 거지.
그래서 과학자들은 인간 복제에 대해서 매우 조심스럽게 접근하고 있는 게 사실이야.

우와!

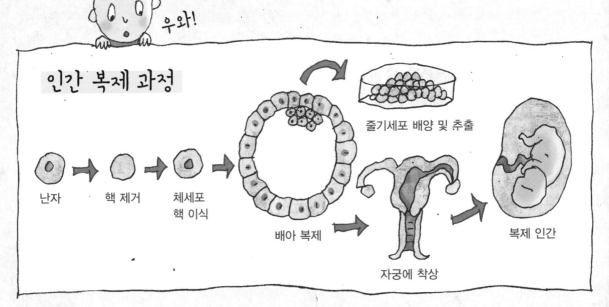

인간 복제 과정

난자 → 핵 제거 → 체세포 핵 이식 → 배아 복제 → 자궁에 착상 → 복제 인간

줄기세포 배양 및 추출

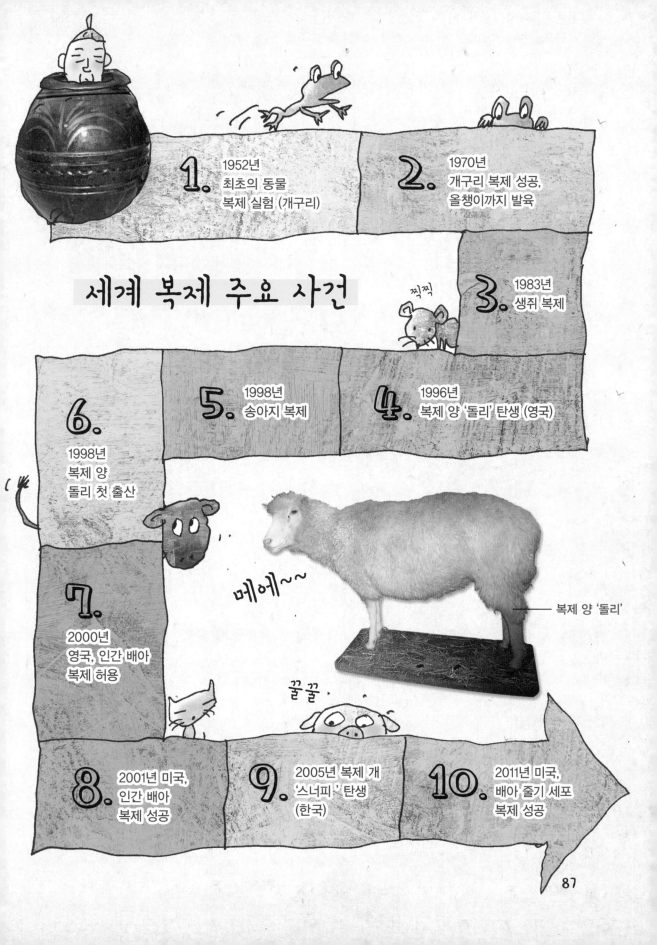

세계 복제 주요 사건

1. 1952년 최초의 동물 복제 실험 (개구리)

2. 1970년 개구리 복제 성공, 올챙이까지 발육

3. 1983년 생쥐 복제

4. 1996년 복제 양 '돌리' 탄생 (영국)

5. 1998년 송아지 복제

6. 1998년 복제 양 돌리 첫 출산

7. 2000년 영국, 인간 배아 복제 허용

8. 2001년 미국, 인간 배아 복제 성공

9. 2005년 복제 개 '스너피' 탄생 (한국)

10. 2011년 미국, 배아 줄기 세포 복제 성공

메에~~

꿀꿀

찍찍

복제 양 '돌리'

흥부와 놀부

옛날 어느 마을에 형제가 살았어.
형인 놀부는 마음씨가 고약해 못된 행동을 하고
남을 골탕 먹이는 일을 좋아했어.
하지만 동생 흥부는 마음씨가 어질고 착했어. 헐벗고 병든 사람을 보면
음식도 나누어 주고 자기가 입고 있는 옷도 마다하지 않고 벗어 주었지.
부모님이 돌아가시자 고래등 같은 기와집과 넓은 논밭을 놀부가 차지했어.

그리고 동생인 흥부는 내쫓아 버렸어.

흥부는 다 쓰러져 가는 초가집 한 채를 겨우 구했어.

그리고 산에 가서 나무도 하고

남의 밭에 가서 품을 팔기도 하며 닥치는 대로 일을 했지.

그러나 흥부네 식구들은 가난을 벗어날 수가 없었어.

아이들은 배가 고프다고 만날 울었어.

흥부는 할 수 없이 놀부네로 가서 보리 한 말을 꿔 달라고 했어.

하지만 놀부는 가엾은 흥부를 마구 때려 내쫓아 버렸어.

남의 집
← 호박

89

그러던 어느 봄날, 제비들이 흥부네 집에 날아들어 집을 지었어.

그런데 며칠 뒤, 커다란 구렁이 한 마리가 제비 새끼들을 잡아먹으려 하는 거야.

흥부는 들고 있던 괭이로 구렁이를 때려 쫓아 버렸지.

하지만 그 바람에 제비 새끼 한 마리가 그만 밑으로 떨어졌어.

흥부는 부러진 제비 새끼의 다리를 정성껏 치료해 주었어.

그리고 겨우 상처가 아물자 조심스럽게 둥지에 넣어 주었어.

톡 톡 과학 양념

여름 철새 제비

제비는 따뜻한 곳을 좋아하는 철새야. 봄에 우리나라에 와서 알을 낳고 새끼를 키우다 가을이면 다시 따뜻한 남쪽 나라로 돌아가. 이런 새를 여름 철새라고 해. 반대로, 추워지면 추운 북쪽 나라로 가는 겨울 철새들도 있어.

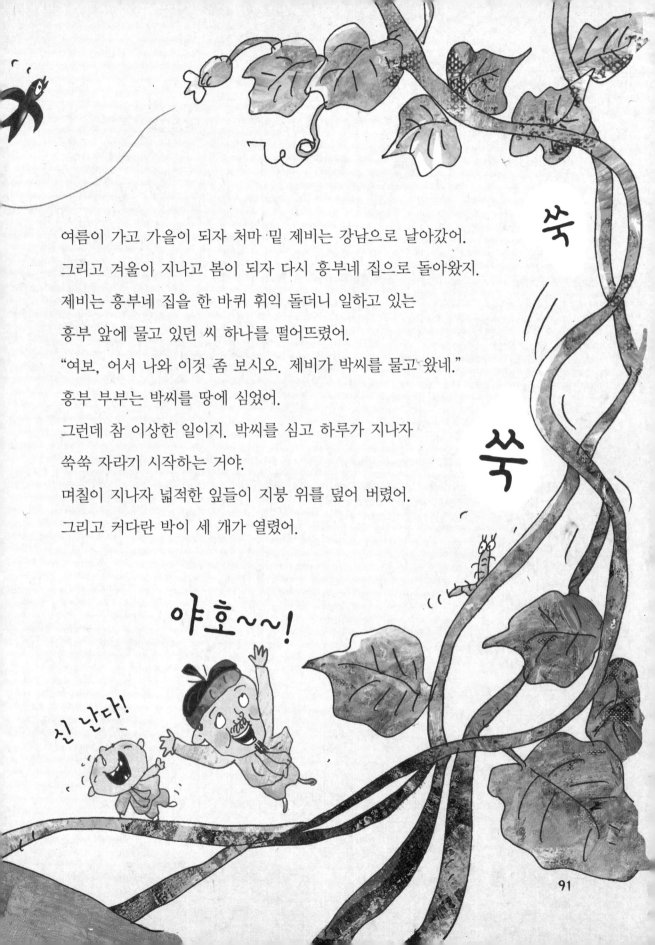

여름이 가고 가을이 되자 처마 밑 제비는 강남으로 날아갔어.

그리고 겨울이 지나고 봄이 되자 다시 흥부네 집으로 돌아왔지.

제비는 흥부네 집을 한 바퀴 휘익 돌더니 일하고 있는

흥부 앞에 물고 있던 씨 하나를 떨어뜨렸어.

"여보, 어서 나와 이것 좀 보시오. 제비가 박씨를 물고 왔네."

흥부 부부는 박씨를 땅에 심었어.

그런데 참 이상한 일이지. 박씨를 심고 하루가 지나자

쑥쑥 자라기 시작하는 거야.

며칠이 지나자 넓적한 잎들이 지붕 위를 덮어 버렸어.

그리고 커다란 박이 세 개가 열렸어.

쑥

쑥

야호~~!

신 난다!

박이 다 익자 흥부네 부부는 박을 타기 시작했어.

첫 번째 박을 타자 아름다운 아이가 은쟁반을 들고 나왔어.

은쟁반에는 어떤 병이라도 고칠 수 있는 명약이 가득 있었어.

아이가 사라지자 이번에는 쌀이 들어 있는 궤짝이 나왔어.

이 궤짝은 쌀을 아무리 퍼내도 줄어들지 않는 신기한 궤짝이었어.

두 번째 박을 탔더니 이번에는 옷감과 온갖 값비싼 보석들

그리고 대궐 같은 집이 나왔어.

세 번째 박에서는 아름다운 아가씨들이 나와

살림을 맡아 심부름을 하겠다고 했지.

이날부터 흥부네는 큰 집에서 남부럽지 않게 살게 되었어.

에구머니!

흥부가 큰 부자가 되었다는 소문이
놀부의 귀에 들어갔어.
놀부는 당장 흥부한테로 달려갔지.
흥부에게 그동안의 이야기를 들은 놀부는
다시 집으로 돌아와서 처마 밑에 제비 집을 지어 놓았어.
그리고 제비가 오기만을 기다렸지.
드디어 운수 사나운 제비 한 쌍이 놀부네 집에 들어왔어.
그리고 알을 낳았지.
알에서 깬 제비 새끼가 점점 커 가자
놀부는 걱정이 되었어.
'저 놈이 훌쩍 날아가 버리면 어떡하지?'
기어이 놀부는 제비 집에 손을 넣어 새끼를 꺼내서
다리를 일부러 부러뜨렸어.
그리고 자기가 부러뜨린 새끼 다리를 헝겊으로 싸
다시 제비 집에 넣었어.
가을이 되자 제비는 강남으로 떠났어.

저희들은
심부름 할게요.

네 이놈~!

이듬해 봄이 되자 제비가 놀부네 집으로 돌아왔어.

"얼씨구나, 좋을시고. 드디어 제비가 돌아왔구나."

제비는 박씨를 놀부 앞에 떨어뜨리고 날아가 버렸어.

박씨를 주워 재빨리 마당에 심었더니 이번에도 엄청나게 큰 박이 열렸어.

놀부는 설레는 마음으로 박을 타기 시작했어.

첫 번째 박을 타자 무섭게 생긴 노인과 험상궂게 생긴 사람들이 나왔어.

"네 이놈, 너의 조상이 훔쳐 간 내 돈 내놓아라."

노인의 말이 끝나자 험상궂게 생긴 사람들이 달려들어

놀부를 마구 때리기 시작했지.

한참을 맞고 난 놀부는 얼굴이 퉁퉁 부은 채로 두 번째 박을 탔어.

이번엔 웬 꾸러미들이 잔뜩 나왔어.

"드디어 돈 꾸러미가 나왔구나."

놀부가 좋아라 하고 꾸러미를 잡아당겼더니

지저분하고 냄새가 풀풀 나는 거지들이 꾸역꾸역 나오는 거야.

수백 명이나 되는 거지들은 놀부네 집

살림을 부수고 난리가 아니었어.

호되게 당한 놀부는 겁이 나서 마지막 박은 그냥 밖으로 던져 버렸어.

그랬더니 박이 깨지면서 키가 팔 척이나 되고

얼굴빛은 시커먼 장수가 수많은 군사들을 데리고 나왔어.

"네 이놈 놀부야. 착한 네 동생을 구박하고

제비의 다리를 꺾은 네 죄를 알겠느냐?"

"잘못했습니다. 한 번만 목숨을 살려 주신다면 이제부터는 착하게 살겠습니다."

놀부는 울면서 싹싹 빌었어.

진심으로 뉘우치는 놀부를 보고 장수는 군사들을 데리고 사라져 버렸지.

놀부는 그 길로 곧장 동생 흥부에게 달려갔어.

"아우야, 그동안 내가 잘못했다. 용서해다오."

놀부는 울면서 용서를 빌었어.

착한 흥부는 형에게 자기 재산 반을 나누어 주고

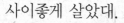사이좋게 살았대.

비행기가 나는 원리

우리는 제비처럼 하늘을 날 수가 없어. 하지만 하늘을 날고 싶은 인간의 꿈은
비행기를 만들었지. 비행기가 하늘을 나는 원리는 제비 같은 새가 나는 원리와 같아.
비행기의 날개에 작용하는 양력이 비행기를 날게 하거든.
양력이란 공기와 같은 기체 속을 운동하는 물체의 운동 방향과 수직인 방향으로
작용하는 힘이야. 앞으로 운동하고 있다면 양력은 위로 작용하겠지?
움직이는 비행기의 날개 주변으로는 공기가 흐르는데, 날개를 사이에 두고
위쪽은 공기의 흐름이 빠르고 아래쪽은 느려. 날개의 위쪽이 곡선이기 때문에
이런 현상이 일어나는 거야. 그리고 이러한 공기 흐름 속도의 차이는 양력을 발생시키지.
비행기처럼 무거운 물체가 날기 위해서는 그만큼 큰 양력이 발생해야 하는데,
그러기 위해서는 어느 속도 이상으로 움직이고 있어야 해.
비행기가 뜨기 전에 활주로를 빠른 속도로 달리는 이유는,
자신의 무게를 이겨 낼 만큼의 양력을 일으키기 위해서야.

비행기와 새의 날개에 발생하는 양력이야.

빠른 공기의 흐름

느린 공기의 흐름

양력

비행기 날개

빠른 공기의 흐름

느린 공기의 흐름

새의 날개

96

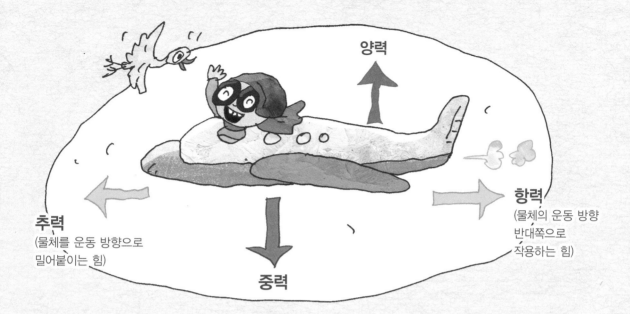

양력

추력
(물체를 운동 방향으로
밀어붙이는 힘)

항력
(물체의 운동 방향
반대쪽으로
작용하는 힘)

중력

하늘을 날고 싶은 꿈

1. 인간은 새처럼 날고 싶었어.

2. 레오나르도 다빈치가 새를 보고
사람이 타고 날 수 있도록 만든 것인데,
하늘을 날지는 못했어.

최초로
하늘을 난
기구야.

3. 처음으로 사람이 하늘을 날 수 있게
해 준 것은 비행기가 아닌 열기구야.
겨우 땅에서 3.5미터 정도 띄울 수 있었어.

우리는
라이트 형제.

4. 드디어 라이트 형제가 최초로 동력을 이용한
비행기를 만들었어. 이것을 시작으로
지금의 비행기들이 탄생한 거야.

우주선을 날게 하는 로켓

얼마 전 나로호가 발사에 성공하면서 우리나라의 우주 시대를 열었어.
우주를 향해 날아가는 나로호를 보고 누구나 한 번쯤은 우주여행을 꿈 꿨을 거야.
미래에는 누구나 우주여행을 할 수 있겠지? 눈부시게 우주 과학이 발전되어 가고
있으니까 말이야. 나로호 같은 우주선은 로켓의 추진력으로 우주를 향해 날아가는 거야.
그런데 옛날 고려 시대에도 로켓이 있었다는 사실, 알고 있니?
고려 말에 최무선이 지금의 로켓과 같은 원리로 만든 '주화'라는 무기가 바로 그것이야.
오늘날에도 로켓은 우주선에도 쓰이지만 무기로도 쓰여.

피~슝!

로켓의 원리

우주로 나로호를 발사시키는 로켓의 원리는
풍선만 있으면 알 수 있지. 풍선을 크게 불어
입구를 막으면 풍선은 움직이지 않아.
하지만 막았던 입구를 여는 순간 앞으로
쏜살같이 날아가. 로켓도 마찬가지야.
로켓 안에는 높은 압력을 가진 가스의 힘이
사방의 벽을 밀고 있어. 이 가스들이 밖으로
분출되면서 로켓을 밀어 올리는 거야.

우주 왕복선

우주선을 쏘아 올리려면 많은 돈이 필요해. 그래서 한 번 사용하
고 버리게 되는 로켓을 다시 쓸 수 있게 만든 게 우주 왕복선이야.

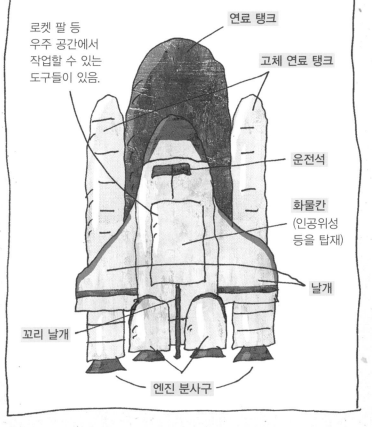

로켓 팔 등
우주 공간에서
작업할 수 있는
도구들이 있음.

연료 탱크

고체 연료 탱크

운전석

화물칸
(인공위성
등을 탑재)

날개

꼬리 날개

엔진 분사구

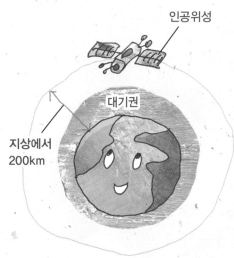

인공위성

대기권

지상에서
200km

인공위성이
떨어지지 않는 이유?

지구 주위를 돌고 있는 인공위성이
땅으로 떨어지지 않는 이유는
아주 빠른 속도로 움직이기 때문이야.
땅에서 200킬로미터 정도 올라가면
공기가 거의 없는데, 공기가 없는 상태에서
초속 7.9킬로미터 이상의 속도로 날면
지구 중력의 영향을 받지 않고 돌 수 있어.